Esther Vilar

Die Schrecken des Paradieses

Esther Vilar

Die Schrecken des Paradieses

Wie lebenswert wäre des Ewige Leben?

Mit einem Nachwort von Michael Schmidt-Salomon

Alibri Verlag
Aschaffenburg

2009

Esther Vilar ist Argentinierin deutscher Herkunft. Sie studierte Medizin und Soziologie und arbeitete unter anderem als Ärztin. Mit vielen ihrer Bücher und Theaterstücke hat sie Aufsehen erregt. Heute lebt sie hauptsächlich in Europa.

Alibri Verlag
www.alibri.de
Aschaffenburg
Mitglied in der Assoziation Linker Verlage (*aLiVe*)

Überarbeitete Neuauflage 2009

Umschlaggestaltung: Claus Sterneck, Hanau
Druck und Verarbeitung: GuS Druck, Stuttgart

ISBN 978-3-86569-046-3

Inhaltsverzeichnis

Herr,
es macht mir nichts aus,
an Dich
zu glauben.
Doch schenke mir nicht
Deine
Unsterblichkeit.

Roberta Gomez Dawson

Für Max und seine Franziska von Assisi

Das Ewige Leben: Allgemeines

„An alle Begierden sollst du die Frage stellen: Was wird mir geschehen, wenn erfüllt wird, was ich begehre, und was, wenn es nicht erfüllt wird?“ So mahnte der Grieche Epikur dreihundert Jahre vor Christi Geburt. Und obwohl sich so gut wie niemand an solche Empfehlungen zu halten scheint – es wird nicht weniger als damals nach Ehre, Macht und Geld gestrebt –, sind die Pragmatiker noch heute mit ihm einig.

Es ist schwer auszumachen, wie viele von uns sich ein Ewiges Leben wünschen und auch glauben, dass dieser Wunsch erfüllbar sei. In westlichen Industrieländern gibt es dafür Zahlen, die nach Land, Religionszugehörigkeit und Methode der Befragung voneinander abweichen, meist sogar enorm. Doch wer sich die Mühe machte, die Ergebnisse der Umfragen gegeneinander aufzurechnen, und auch die gerade in diesen Ländern erhebliche Quote derer hinzuaddierte, die lediglich meinen, es werde dann schon „irgendwie“ weitergehen, käme wohl auf eine Rate um die neunzig Prozent.

Ein großer Teil der Menschen kann weder lesen noch schreiben und lebt in Gegenden, wo religiöse Gründe diesbezügliche Meinungsumfragen nicht gestatten. Hier dürfte die Zahl derer, die überzeugt sind, dass es später in einer besseren Welt oder in einem anderen Körper weitergehe, noch bedeutend höher sein – wahrscheinlich sind es fast hundert Prozent.

Man kann also davon ausgehen, dass der Anteil derer, die an ein – wie auch immer geartetes – Ewiges Leben glauben, grob und weltweit gerechnet, so um die fünfundneunzig Prozent beträgt. Doch selbst wenn es nur halb so viele wären, wäre diese Zahl angesichts des gigantischen Unsinns, den es hier ohne den geringsten Beweis zu akzeptieren gilt (zum Beispiel, dass uns ein gerechtes, gütiges Wesen in der einen Welt leiden lasse, um uns in der anderen dafür zu belohnen, oder dass unsere Seele nach einem schrottreif gefahrenen Modell immer wieder in ein nagelneues umsteige), überwältigend zu nennen. Wie viel Zeit der Einzelne auf die „Verwirklichung“ dieses Traumes verwendet, ist ebenfalls kaum messbar. Zu berücksichtigen wären ja nicht nur Teilnahme an öffentlichen Gottesdiensten, Gebete im stillen Kämmerlein sowie die Zeit, die wir in Erfüllung sonstiger religiöser Auflagen verbringen (allein der aus dem Gebot *Seid fruchtbar und mehret euch* sich ergebende Kindersegen kann für einen Katholiken ein halbes Leben Schwerstarbeit bedeuten). Auch die immer brutaler werdenden Glaubenskriege müssen unter diesem Gesichtspunkt betrachtet werden: Wer sich seiner Sache auch hier noch zur Verfügung stellt, hört unter Umständen schon mit achtzehn auf zu leben.

Man darf also behaupten, dass sich die große Mehrheit der Weltbevölkerung ein Weiterleben nach dem Tode wünscht und sehr viel Zeit aufwendet, um diesen Zustand mit möglichst umfassenden Komfortgarantien anzutreten. Und dass somit eine Überprüfung nach dem Kriterium Epikurs auf jeden Fall gerechtfertigt ist:

> *Angenommen, ein Weiterleben in einem wie auch immer beschaffenen Paradiese wäre möglich – wäre es sinnvoll, in die Verwirklichung dieses Ziels unsere so knapp bemessene Zeit auf Erden zu investieren? Denn angenommen, es gäbe tatsächlich ein Ewiges Leben – wie lebenswert könnte dieses für uns sein?*

Der Wirtschaftsfachmann Ulf Posé hat für derlei Kosten-Nutzen-Kalkulationen ein einleuchtendes Konzept entwickelt. Um die zur Verfügung stehende Zeit realistisch umzusetzen, schreibt er,[1] solle man sich bei jedem Vorhaben folgende vier Fragen stellen:

Warum überhaupt?
Warum ich?
Warum jetzt?
Warum so?

---

1 Posé, Ulf: Kampf gegen Zeitkiller. In: Deutscher Vertriebs- und Verkaufsanzeiger, Juli 1990

Auch wenn er damit wohl mehr die Bewertung irdischer Projekte im Auge hatte, könnte man zumindest versuchen, seine Strategie auf Überirdisches anzuwenden. Beginnen wir deshalb mit der ersten Frage.

Warum überhaupt?

Im Februar 1990 erschien in der chinesischen Zeitung *Zangguo Funüboa* die folgende Meldung: Lian Cunlei, ein 67jähriger Bauer und Junggeselle aus dem nordchinesischen Dorf Xingyi, hatte Angst, auch im Jenseits allein zu bleiben. Als ihm daher der Heiratsvermittler die Vermählung mit einer Toten vorschlug – vierundzwanzig Jahre alt, bildhübsch und erst kürzlich verstorben –, willigte er mit Freuden ein. Und gegen ein Brautgeld von sechshundert Yuang, seine gesamten Ersparnisse, waren schließlich auch die Eltern der Toten mit der Heirat einverstanden: Mit traditioneller Musik und zu Trommelschlägen wurde der Sarg der Braut aus dem Familiengrab gehoben und in das des Bräutigams versenkt. Damit war der Akt der Vereinigung symbolisch vollzogen – wenn der Jungverheiratete nach seinem Tod ins Jenseits kommt, wird dort eine hübsche junge Frau auf ihn warten. Armer Spinner, lächeln wir gerührt, doch wenn es ihm beim Sterben hilft? Bei uns wird so manchem Alten das letzte Geld wahrhaftig für weniger aus der Tasche gezogen!

Unzurechnungsfähigkeit aus Todesangst also. Doch falls diese Diagnose zutrifft, hat sie natürlich auch für uns zu gelten. Was unterscheidet diesen „armen Spinner“ denn von uns? Dass er gegen seine Angst als Einzelkämpfer vorgeht, während wir im Kollektiv agieren. Dass er den Preis für sein Paradies auf einmal hinlegt, während wir die Ratenzahlung bevorzugen.

Auch er würde lächeln, wenn er in seiner Wandzeitung beschrieben fände, was der Rest der Menschheit für eine „ewigwährende Glückseligkeit“ so alles auf sich nimmt: Da gibt es Leute, die barfuß zu entlegenen Orten pilgern, sich auspeitschen und auf Steinen schlafen, würde es heißen. Die ihre Gesichter mit

Stoff verhängen und fünfmal am Tag in die Knie gehen. Die ihre Witwen bei lebendigem Leib verbrennen und ihre Kühe als Heilige verehren. Die einem Unsichtbaren riesige Häuser bauen, wo ihnen Verkleidete gegen Honorar versichern, dass zumindest der sie sieht. Und dies alles, um sich ein Leben nach dem Tode zu verdienen!

Die Antwort auf die Frage nach dem *Warum überhaupt* hätte also zu lauten, dass wir alle Chinesen sind: Aus Angst vor dem Tod, aus Hoffnung auf ein Überdauern haben wir diese Welt der Lebenden in ein gigantisches Narrenhaus verwandelt. Und im Unterschied zu jenem alten Bauern blättern wir für die von den Vermittlern versprochenen Paradiese nicht nur Bares hin, sondern zahlen mit allem, was wir besitzen: mit unserer Individualität, unserer Freiheit, unserer Freude am Leben. Auch mit dem Leben selbst, falls unsere Unsterblichkeitsmakler dies von uns fordern sollten: Für ein Ewiges Leben in Komfort sind wir bereit, zu töten und zu sterben. Gott mit uns steht auf den Fahnen, mit denen wir aufeinander losgehen. Aber wir wissen doch von Anfang an, dass wir wieder verschwinden. Warum wird unser Verstand mit dieser Tatsache also nicht besser fertig? Warum werden wir wahnsinnig?

Warum ich?

Wenn es auf diesem wundersamen Fest, das man Leben nennt, für alle Geladenen genug zu essen und zu trinken und vielleicht noch ein paar Sitzgelegenheiten gäbe, würde man nicht dauernd nach dem Namen des Gastgebers fragen. Man würde zugreifen und sich freuen: Wenn er will, kann er sich ja zeigen, nicht wahr? Wenn man nicht wüsste, dass sie einen früher oder später vor die Tür setzen, würde man sich nicht so penetrant erkundigen, warum man überhaupt eingeladen wurde. „Lieber Gott", schreibt ein amerikanisches Schulkind namens Jane in einem Brief an den unsichtbaren Hausherrn,[2] „anstatt die Leute sterben zu lassen und dann neue zu machen – warum behältst du nicht einfach die, die du schon hast?"

---

2 Marshall, Eric / Hample, Stuart: Children's Letters To God. New York 1975

Interessante Frage: Warum dürfen wir nicht bleiben und weiterfeiern? Die Pforte steht ja offen: Wer sich langweilt, kann jederzeit weg.

Doch genau hier liegt die Ursache für den vorprogrammierten Zusammenbruch unseres Nervensystems: dass Lebenskunst und Sterbenskunst von uns Menschen zwei diametral entgegengesetzte Fähigkeiten fordern. Denn wegen der permanenten Versorgungskrise auf dieser Party und wegen der Unausweichlichkeit des Hinauswurfs müsste jeder von uns Geladenen folgende in ein und derselben Person nicht zu vereinbarenden Tugenden mitgebracht haben:

Um auf dem Fest zu bleiben, muss man sich – angesichts des dauernden Versorgungsnotstands – für einen der wichtigsten Gäste halten: Reizende Leute das alles, doch was wäre diese Veranstaltung ohne mich? Darum jetzt mal weg da, dieses Stück vom Kuchen gehört mir! Die Blicke der Zukurzgekommenen ignorierend, hockt man sich mit der ergatterten Verpflegung auf den ergatterten Platz und schlägt sich den Bauch voll: Sollen die doch selber sehen, wie sie zu was kommen, unsereinem hat ja auch keiner was geschenkt! Ausnahmen sind hier bestenfalls die selbstgemachten Gäste – wer „das eigene Fleisch und Blut" verköstigt, verköstigt ja sich selbst. Das Geheimnis der Fortpflanzung übrigens: Man fand das Original so faszinierend, dass man das Herstellen von Kopien für selbstverständlich hielt; aus Minderwertigkeitskomplexen hat gewiss noch keiner auf Vater- oder Mutterschaft verzichtet.

Für die Stunde des Hinauswurfs brauchte man als Gast aber die genau entgegengesetzte Fähigkeit: Plötzlich wird einem abverlangt, sich hier für den Unwichtigsten zu halten. Für jemanden, der auf dieser Veranstaltung eigentlich nur noch im Wege ist: Wir danken, dass Sie gekommen sind, doch Sie sehen ja selbst: so viele interessante junge Leute! Wir brauchen nun mal Ihren Platz. Dafür haben Sie doch Verständnis!

Ist es ein Wunder, wenn unsere Psyche unter diesen so unvereinbaren Forderungen zusammenbricht? Dass wir in den Wahnsinn flüchten, und zwar so gut wie alle? „Gegen alles andere können wir uns Sicherheit verschaffen“, sagt Epikur, „dem Tod gegenüber aber wohnen wir Menschen alle in einer Stadt ohne Mauern.“ Und diesen fehlenden Schutz versuchen wir mit unserer Phantasie zu errichten.

Natürlich werden wir uns zunächst noch ein bisschen wehren: Aber was reden Sie denn da? Doch nicht ich! *Ich* soll verschwinden? Genau wie diese Hungerleider? Und wohin, wenn man fragen darf? *Ins Nichts?* Und für wie lange? *Für immer?* Sie sind nicht bei Trost: Ich bin der Motor dieses Festes! Sie müssen den Verstand verloren haben!

Leider sind es früher oder später wir, die ihn verlieren. Denn sind die Gedanken einmal so hart ausgesprochen, kommen regelmäßig die Überlebensfachleute mit ihrem Wahnsinnsangebot: Nur die Ruhe, lieber Freund. Natürlich musst auch du irgendwann einmal von hier fort. Aber deswegen verschwindest du doch nicht! Auch die vor dir sind nicht wirklich verschwunden: Die sind längst auf einem anderen, viel schöneren Fest!

Doch in diesem Zusammenhang ein Tip: Der Gastgeber ist derselbe, hier wie dort. Das hier ist sozusagen seine Prüfung – er will feststellen, ob du würdig bist, zu seinem eigentlichen Fest geladen zu werden. Jawohl, auch wenn du ihn nirgendwo sehen kannst: Er sieht *dich*. Er schaut dir genau auf die Finger!

Pass also auf. Benimm dich anständig. Lüg nicht. Klau nicht. Mach keinen Lärm. Und auch wenn du an seinem Büffet um jeden Bissen kämpfen musst: Sag danke! Und ja nicht von den verbotenen Speisen nehmen: kein Schweinskotelett, keine Blutwurst, keinen Schnaps. Und tanz nicht so wild, das kann er nicht leiden. Sex? Na gut, wenn's denn sein muss: Aber nur mit *einem* der Gäste, und zwar vom *anderen* Geschlecht. Und denk nicht, dass das hier zum Vergnügungsprogramm gehört: Du wirst ihn mit neuen Gästen erfreuen, verstanden?

Einen Moment noch, Bruder, wir sind noch nicht mit dir fertig: Knie ab und zu nieder! Mach ihm ein nettes Kompliment. Auch wenn dir das noch so meschugge erscheint: Ihm gefällt's nun mal so, es zahlt sich also aus. Woher wir das wissen? Woher wir das wissen, fragt dieser Wurm! Hier, sein Gästebuch, lies! Aber natürlich sind das seine Worte, was fällt dir eigentlich ein? Er hat das höchstpersönlich diktiert!

Schluss jetzt! Noch eine solche Frage, und du wirst ganz andere Festivitäten kennenlernen! Es ist da drüben nämlich noch eine zweite Party im Gange. Eine Grillparty sozusagen. In der Hölle wirst du braten, Bürschchen, die gehört ihm nämlich auch!

Nun mag man einwenden: Auf etwas so Primitives fällt doch höchstens ein Dummkopf herein! Doch dies ist nur die atheistische Variante der Einbildung, man sei der wertvollste Festbesucher: Ungläubigkeit ist nicht in allen Fällen ein Beleg für besseres Denkvermögen – gerade der Beschränkte wäre zum Atheisten prädestiniert. Da er weniger Phantasie besitzt, nerven ihn die Erpressungen der selbsternannten Vertreter des Hausherrn ja weit weniger als den Gescheiten: Der Dumme kann sich keine der Alternativen wirklich ausmalen, und deshalb graut es ihn weder vor dem eigenen Verschwinden noch vor des Gastgebers Folterkammer in gleichem Maß wie den mit Phantasie. Er, der Sensible, Gescheite, ist somit weit anfälliger für die Angebote der professionellen Tröster. Er kann sich sein Verlöschen ja *vorstellen*, muss in der Tat ständig daran denken: Je älter er wird, desto mehr versaut ihm die Gewissheit des Hinauswurfs die Freude am ganzen Fest. Je unwirklicher der angebotene Ausweg ist – einen wirklichen könnte es nicht geben –, desto heftiger schwenkt gerade er, der bisher so Rationale, darauf ein. Er hat es satt, über den Sinn dieser Einladung nachzugrübeln, jeder Grund zum Weiterfeiern ist ihm recht. Die Nomenklatur wird geändert, die Kapitulation vor dem Denken *Erkenntnis* genannt.

Dem Zeugen solcher Bekehrungsorgien bleibt das Staunen: Aber sehen Sie denn nicht, wie gesponnen das ist? Jawohl, auch ich mag dieses Fest: Die Blumenarrangements sind hübsch, die Beleuchtung zumindest stundenweise ausreichend, und sogar an das viele Viehzeug kann man sich gewöhnen. Aber für Ihren berühmten

Hausherrn gibt es nicht den geringsten Beweis. Soll ich mich bei einem Geist bedanken?

Der frisch Erleuchtete kann nur nachsichtig lächeln: Mein Freund, es gibt eben Dinge zwischen Himmel und Erde, die sich der menschlichen Ratio entziehen. Das habe ich in aller Bescheidenheit akzeptieren gelernt. Und ich hoffe von Herzen, dass diese Gnade eines Tages auch Ihnen widerfährt!

Und das wird sie. Es gibt zwar weniger virulente Krankheitsverläufe als den skizzierten, doch gegen die Krankheit selbst ist offenbar auch der vorbildlichste Denker nicht gefeit. „Der Unsterblichkeitsgedanke ist lebendig in jedem tiefer denkenden Menschen“, formulierte der deutsche Arzt und Philosoph Carl Ludwig Schleich. „Es hat niemals ein Genie gegeben, welches nicht an die Unsterblichkeit geglaubt hätte. Man befindet sich mit dem Glauben an die Ewigkeit des Ichs wahrlich in allerbester Gesellschaft.“

Auch wenn der zu seiner Zeit hochgeschätzte Mediziner damit letzten Endes eine Krankheit verherrlicht, mit seiner Diagnose über die Verbreitung hat er recht: Sokrates, Plato, Pascal, Descartes – es gibt kaum einen dieser „Unsterblichen“, der nicht in der einen oder anderen Variante an ein Weiterleben nach dem Tode glaubte. Auch ein so mutiger Enttabuisierer wie Kant hat schließlich nachgegeben: Von unseren Leibern werde wohl nichts übrig bleiben, doch als Postulat der praktischen Vernunft müsse man davon ausgehen, dass wenigstens unsere Seelen unsterblich seien.

Aber eigentlich ist sein Glaube an eine Fortsetzung verständlicher als der von uns anderen. Wie sollte gerade ein Kreativer sich damit abfinden, dass von ihm nichts übrig bleibt? Muss die Voraussetzung für die Erschaffung eines gigantischen philosophischen Universums nicht eine ebenso gigantische Egozentrik sein? Und gilt dieses Gesetz nicht automatisch auch für die übrigen Denker? Gefährlich wird es erst durch den Rückschluss, den „gewöhnlich Sterbliche“ daraus ziehen: Wenn all diese Großen an ein Ewiges Leben glauben, bin ich doch größenwahnsinnig, wenn ich zweifle! Doch die Größenwahnsinnigen werden wohl die Großen sein:

Stellt nicht die Annahme, dass ich (der ich mich doch in allen meinen Schwächen kenne) zu wertvoll zum Vergehen bin, die höchste Form von Selbstüberschätzung dar? Ist nicht die Absicht, sich dem Universum (und sei es nur als Seele) für alle Zeiten aufzudrängen, der Gipfel der Unbescheidenheit?

Die einzige Ausrede für dieses intellektuelle Gewurstel von Prominenz und Fußvolk ist unsere panische Angst vor dem Schritt vom Etwas ins Nichts. Sie bestimmt den Grad unseres Verlangens nach Unsterblichkeit, sie trägt Schuld an den Überlebensvisionen, die wir für uns hegen. Auch wenn die Spekulationen heute viel beiläufiger klingen – zu finden sind sie bei den meisten. Er sei eigentlich nur noch auf den Tod neugierig, meinte der 90-jährige Ernst Bloch: das Sterben als die Erfahrung, die er noch nicht gemacht habe. Und er könne sich nicht vorstellen, dass danach einfach nichts sei.

Selbst Oscar Wilde, einer der couragiertesten Denker aller Zeiten, der ansonsten mit einem einzigen Satz jede Lebenslüge zum Einsturz brachte, ließ noch einen Priester in jenes Pariser Hotelzimmer kommen, in dem er dann so elend zugrunde ging. Natürlich hatte er sich nirgends ausdrücklich als Atheisten bezeichnet. Dies wohl schon aus taktischen Gründen: Skepsis ist ein Kompliment, das man einem Betenden nicht machen sollte, hätte er auf eine entsprechende Frage vielleicht zur Antwort gegeben – denn es könnte ihn ja darin beflügeln, sein reizendes Selbstgespräch für Konversation zu halten. Aber da er, zumindest in seiner kreativen Zeit, nur ein Ungläubiger sein *konnte*, versuchen seine Bewunderer noch heute, dieses Versagen in letzter Minute mit Fieberträumen und ähnlichem zu erklären. Doch hatte er in jener letzten Minute, mit einem letzten Blick auf seine schäbige Umgebung, nicht auch noch kühl konstatiert, dass er „über seine Verhältnisse" sterbe?

Na schön, dann rette mich, wer kann! So etwa hätte der Abschiedsseufzer geklungen, den man sich von diesem Sterbenden erhoffte. Doch da er um so vieles phantasievoller war als seine späteren Jünger, hatte er natürlich auch mehr Angst.

Warum jetzt?

Wenngleich unsere Angst vor dem Ende die häufigste Ursache psychischer Erkrankungen ist, gibt es kaum Patienten, die aus diesem Grund Hilfe suchen, und kaum Fachleute, die sie offerieren. Wir begeben uns in Behandlung eines Therapeuten, weil uns der *Anfang* unseres Lebens zu schaffen macht – eine Mutter, die uns zuviel oder zuwenig liebte, eine übermächtige Vaterfigur, der Neid auf die kleine Schwester. Dem einen geht es danach besser, dem anderen nicht. Jedenfalls sucht der Arzt den Grund für ein psychisches Leiden weniger in der Zukunft als in der Vergangenheit des Patienten.

Das liegt unter anderem daran, dass die Krankheit, die von der Todesangst ausgelöst wird, dermaßen verbreitet ist, dass wir sie nicht mehr als solche erkennen. Und dass viele der in Frage kommenden Therapeuten auch selber von ihr betroffen sind. Doch wie banal müssen beispielsweise die Ängste eines Bettnässers im Vergleich zu denen einer Person sein, die sich vor ihrem Verschwinden fürchtet. Wie lächerlich werden die Qualen mütterlichen Liebesentzugs, stellt man sie jenen gegenüber, die der Glaube an die Existenz des Teufels beschert. Noch heute sind in einem doch gewiss als fortschrittlich zu bezeichnenden Staat wie den USA beinahe zwei Drittel der Bevölkerung davon überzeugt, dass es ihn gibt, den Satan. Wenn es mit rechten Dingen zuginge, würde das Studium der Theologie längst an medizinischen Fakultäten absolviert. Handelt es sich doch bei Religiosität letzten Endes um eine ansteckende Form von Paranoia, die bei Nichterkennen zwangsläufig zu völkermordenden Epidemien führt. Auf diese Weise verschieben sich aber die Proportionen. Es ist unmöglich, zwei Drittel der US-Bürger für unzurechnungsfähig zu erklären. Oder jeden, der da meint, er werde beobachtet – und zwar von einem Unsichtbaren –, in Gruppentherapie zu nehmen. Krank ist die kleine Minderheit derer, die dem Sog zur Flucht in die Krankheit widerstehen und probieren, die Wahnideen der Mehrheit mittels Aufklärung zu kurieren. Noch vor gar nicht langer Zeit hat man Atheisten eingesperrt, gefoltert, ihre Schriften und oft auch sie selbst auf Scheiterhaufen verbrannt. Und gerade in jüngster Zeit kann man sich vorstellen, dass das alles wiederkommt: „Tut mir leid, mein Bester, aber hier gibt es kein Gespenst!“ – wie lange wird man das noch sagen dürfen, ohne dass einen die mit den kranken Nerven in ihre Heilanstalten stecken?

Die Schuld an dem Dilemma trifft aber nicht nur diese Mehrheit der Angstkranken, sondern auch die vielen untereinander konkurrierenden *Überlebensversicherungskonzerne*, die von deren Kranksein profitieren: Kirchen, Sekten, neureligiöse Kulte. Anstatt dass man uns vor dem Unvermeidlichen zu ein wenig Zivilcourage animiert, werden unsere Ängste von deren buchstäblich an jeder Ecke lauernden Vertretern nach bestem Wissen angeheizt. Schon beim ersten Anzeichen von Beunruhigung sind diese Herren mit ihrem Katalog zur Stelle. Den meisten von uns bringen sie schon im Kindesalter bei, sich vor dem Tod zu fürchten: Ehe wir überhaupt an einen Himmel denken, stehen sie mit ihrer Hölle an der Tür. *Lebensversicherer* verbreiten ihre geschäftsfördernde Panik mittels Werbekampagnen, *Überlebensversicherer* bedienen sich des Religionsunterrichts.

Wenn Sie bei uns unterschreiben, kann Ihnen nichts passieren, beruhigen sie sodann. Hier die Unterlagen, überlegen Sie sich’s. Aber nicht zu lange – je länger Sie zögern, desto weniger kann unsere Gesellschaft für umfassenden Schutz garantieren. Wir denken da vor allem an die Modalitäten des Grenzübertritts: Sie müssen nämlich wissen, dass es Wartelisten gibt – wenn Sie zuwenig Punkte haben, stehen Sie unter Umständen ein paar tausend Jahre vor verschlossenen Toren. Ist natürlich immer noch besser als gar kein Schutz: Ein Unversicherter geht direkt ins Feuer, das ist ja wohl klar! Wollen Sie ein solches Risiko auf sich nehmen? Sie könnten hier hinausgehen und unter ein Auto kommen: Was dann?

Aber bitte, bitte! Wenn Sie erst noch andere Angebote einholen möchten? Unsere Gesellschaft hat da nichts zu befürchten. Vergleichen Sie die geforderten Opfer mit der gebotenen Leistung: Sie werden feststellen, dass Sie nirgends so preiswert zu einem Ewigen Leben kommen wie bei uns. Ganz zu schweigen von der Überlebensqualität, die Sie bei uns erwartet. Gerade da sollte man ja nicht knausern: Es ist schließlich für immer! Und doch sind die Angebote dieser Missionare des Ewigen genau genommen kein Betrug. Auch wenn ihre Policen mit Eintritt des Versicherungsfalls automatisch ihren Wert verlieren – ihre Bedeutung liegt im *Vorher*. Irreführend ist lediglich die Nomenklatur: Im Gegensatz zur Bezeichnung hilft nämlich die *Lebensversicherung* nach dem Tod den anderen, während die *Überlebensversicherung* vor dem Tod uns selber hilft: Sie befreit uns von der Angst.

Und warum kritisiert man es dann? Die meisten von uns sind heutzutage bei den etablierten Religionskonzernen unter Vertrag, die übrigen haben bei aufstrebenden Sekten und neuen Kulten unterschrieben. Die wirklich Unversicherten, sagten wir, beliefen sich auf etwa fünf Prozent. Und selbst wenn man diese Ungläubigen nun von Neuem zu Freiwild erklären sollte: Wäre die Angst von fünf Prozent der Menschheit durch die Angstfreiheit der restlichen fünfundneunzig Prozent nicht vielleicht aufgewogen? Ein Wahn, der so viele Leute beruhigt, könnte doch auch etwas Positives sein!

Der Einwand wäre berechtigt, wenn es sich tatsächlich um einen Wahn handelte und es dafür nur einen Anbieter (eine *Weltreligion* in einer *Weltkirche*) gäbe. Doch das Angebot an Modellen für ein Leben danach ist so vielfältig wie die Konzerne, die versuchen, damit an Macht und Geld zu kommen. Und was für die anderen Dienstleistungsbranchen gilt, gilt natürlich für diese erst recht: Keiner der Beteiligten hat je genug, jeder will seinen Anteil erweitern und den Markt beherrschen. Das liegt auch ganz im Sinne derer, die bei ihnen versichert sind: Ihre Wahrheit ist ja erst dann wirklich wahr, wenn auch die übrigen Menschen daran glauben. Nichts tut ein Überlebensversicherter daher lieber, als für seine Gesellschaft neue Mitglieder zu werben. Man ist schließlich ein guter Mensch: Jeder Unversicherte ist unverzüglich aufzuklären, und jeder Andersversicherte muss wissen, dass er *falsch* versichert ist.

Nun sind die wirklich Unversicherten zu wenige und oft auch zu stur, als dass das Verkünden der Frohen Botschaft sich groß lohnte. Die fetten Zuwachsraten sind auf diesem heißumkämpften

Markt bei den Andersversicherten zu holen. Drei Strategien kommen hierfür in Betracht: Man kann sie abwerben (Bekehrung), man kann sie zur Unterschrift nötigen (Zwangsbekehrung), man kann sie dezimieren (Genozid). Im letzten Fall wird der Marktanteil auf indirektem Wege größer. Und obwohl diese dritte Variante oft ausdrücklich den Statuten widerspricht, gab es in der Vergangenheit kaum einen Großkonzern, der nicht wenigstens versuchte, sich auch dieser Methode zu bedienen. Nicht nur der Islam metzelt seine Konkurrenten (*Für diejenigen nun, die ungläubig sind, sind Kleider aus [Höllen]feuer zugeschnitten. [Sie müssen sie sich anlegen] während ihnen heißes Wasser über den Kopf gegossen wird, wodurch zum Schmelzen gebracht wird, was sie im Bauch haben* [sprich: ihre Eingeweide sich auflösen], steht im Koran, Sure 22, Vers 19-20), auch die Kriminalgeschichte des Christentums[3] ist bekannt. Eine Weltreligion? Aber gern! Nur sollte es eben unsere sein!

Die wirklich verheerenden Folgen der Religiosität liegen also weniger in der periodischen Verfolgung und Ausrottung der kleinen Minderheit der Ungläubigen als in den Blutbädern, die die Anhänger der diversen Heilsvarianten untereinander anrichten. Und da ihnen dabei immer schlagkräftigere Waffen zur Verfügung stehen, wird unsere Todesangst noch größer und die Notwendigkeit einer Überlebenspolice einleuchtender denn je. Die gehorteten Munitionen könnten uns jetzt alle auf einmal ausradieren, und es ist lediglich eine Frage der Zeit, bis sich ein frommer General von seinem Gebetsteppich erhebt und seinem frommen Adjutanten das Zeichen gibt. Glaube versetzt nicht nur Berge, sondern macht auch die Verheißungen der Bibel wahr: Die angekündigte Schlacht von Armageddon, bei der wir schließlich alle dran glauben müssen, ist nicht länger der Einschüchterungsversuch eines Autorenkollektivs, sondern an Sicherheit grenzende Wahrscheinlichkeit. Wer noch keine Police hat, sollte sich also eine besorgen – und zwar *jetzt*! Die Überlebensindustrie feiert ihre wohl letzten, aber auch größten

---

3 Deschner, Karlheinz: Kriminalgeschichte des Christentums, 9 Bde., Reinbek bei Hamburg 1986-2008

Triumphe: Da uns dank der aggressiven Politik ihrer Marktstrategen nun ein vorzeitiger Tod so gut wie sicher ist, wird es auch immer wichtiger, dass es wenigstens im Jenseits noch ein bisschen weitergeht. Den nächsten Holocaust, den für alle, erwarten wir dann alle kniend.

Warum so?

Das Ausmaß unserer Angst auf dieser Welt bestimmt die Intensität unseres Verlangens nach Weiterleben in einer nächsten. Die Art der Vergnügungen, die wir hier genießen, die Art der Entbehrungen, die wir hier erleiden, bestimmen die Vorstellung von der Art Glück, die wir im Jenseits anzutreffen hoffen.

Und in dieser Hinsicht sind unsere religiösen Führer seit jeher großzügig gewesen. Ihnen geht es um ihre Macht auf Erden. Wenn es ein Opfer gibt, dank dem sie diese noch erweitern können, werden sie nicht zaudern, es von uns zu fordern. Für sie ist wichtig, dass wir uns die *Höllen* vorstellen, die uns im Falle von Gehorsamsverweigerung erwarten. Bei der Gestaltung unserer *Paradiese* lassen sie uns mehr oder weniger freie Hand. Denn während sie uns in diesem Leben so gut wie alles verbieten, was uns Freude macht, gibt es für das nächste noch immer keine Zehn Gebote. Lediglich die Konturen sind hier vorgegeben: Das Ausmalen der himmlischen Details bleibt weitgehend denen überlassen, die an den Himmel glauben.

Schwer zu sagen, ob es an der mangelnden Vorstellungskraft oder der übergroßen Gutmütigkeit der Propheten lag, doch selbst für das Ausschmücken ihrer diversen Infernos ist ihnen ja außer Rösten nicht viel eingefallen. So heißt es beispielsweise im Koran: „Diejenigen, die nicht an unsere Zeichen glauben, werden wir dereinst im Feuer schmoren lassen. Sooft (dann) ihre Haut gar ist, tauschen wir ihnen eine andere (dagegen) ein, damit sie die Strafe (richtig) zu spüren bekommen.“ (Sure 4, Vers 56)

Und die Christen, die doch in Inquisitionszeiten soviel kriminelle Phantasie bezeugten, halten sich bei der Beschreibung ihres

Rotisseriebetriebs noch mehr zurück. Bei den Einzelheiten des Himmels, der die Gehorsamen unter uns erwartet, sind sie schon von fast fahrlässiger Nonchalance. Ob Engel Flügel haben oder nicht, war beispielsweise noch nie ein Streitpunkt.

Über die Eigenschaften des Paradieses wird also letzten Endes auf demokratischer Basis entschieden, und zwar von denen, die dort ihr Viertes Lebensalter zu gestalten hoffen. Und deren Wünsche nach einem gelungenen Jenseits hängen dann logischerweise wieder davon ab, wie sie sich ein gelungenes Diesseits erträumen. Obwohl die drei großen monotheistischen Religionen – Judentum, Christentum und Islam – den gleichen, nämlich semitischen, Ursprung haben, wird der Himmel eines Juden nicht der eines Christen, der eines Christen nicht der eines Moslems sein. Beim ersten sind zum Beispiel die Ewigkeitsvorstellungen vergleichsweise vage, beim zweiten wird der stärkere Akzent auf die Belohnung, beim dritten auf den Gerichtsgedanken gelegt.[4]

Und selbst innerhalb ein und desselben Bekenntnisses sind diese Träume wieder aufgespalten. Wer die Geschichte der Paradiese vergleicht, die etwa die Christen in der Vergangenheit für sich erdachten, findet zwei so entgegengesetzte Wunschphantasien,[5] dass er meinen könnte, es handle sich um Jenseitsträume von Anhängern verschiedener Konfessionen:

Da gibt es einmal den Himmel derer, die schon auf Erden vorwiegend mit Gott beschäftigt waren, auch *theozentrisches Paradies* genannt. Dies ist gewissermaßen der Himmel der Fachleute – Theologen, Priester, Mönche, Nonnen –, die natürlich an ein Ewiges Leben ganz andere Bedingungen stellen als der Laie. Hier wird der Gläubige mit seinem Schöpfer bis in alle Ewigkeit allein gelassen, denn genauso hatte er sich während seines Erdendaseins ein Paradies für Führungskräfte vorgestellt.

Die Modalitäten dieses Stelldicheins sind dann freilich abermals in unzählige Glücksvarianten aufgeschlüsselt. Der frühe Augusti-

4 Bernheim, Pierre-Antoine / Stavrid, Guy: Paradis, Paris 1991

5 Mc Dannell, Colleen / Lang, Bernhard: Heaven, A History. New Haven 1988

nus etwa träumte von einem einsamen Flug seiner Seele zum Reiche Gottes. Die mittelalterlichen Scholastiker wollten sich mit dem Objekt ihrer Anbetung in einer transzendenten, lichterfüllten Örtlichkeit außerhalb des Universums treffen. Die protestantischen Reformer wiederum sahen sich als nackte Seelen vor dem Allmächtigen weilen. Und auch so manche Fachfrau bestand beim himmlischen Tête-à-tête auf strikter Zweisamkeit: Gott allein genügt, erklärte Teresa von Avila kategorisch. Nur Mechtild von Magdeburg erwartete von ihrem Ewigen Leben etwas mehr – ihr schwebte „eine liebende Vereinigung des Schöpfers mit der reinsten seiner Jungfrauen“ vor. Und hier durfte auch Jesus Christus zugegen sein.

Selbst wenn sie ihre Wünsche vorsichtiger formulierten, träumten die großen Theologen unseres Jahrhunderts doch ähnlich gottbezogen. Karl Rahner sah zum Beispiel das Jenseits als eine „unendlich stille Leere, angefüllt mit dem Mysterium dessen, was wir Gott nennen, angefüllt mit reinem Licht und seiner Liebe, die alles hinwegnimmt aber auch alles zurückgibt“. Für seinen Kollegen Paul Tillich ist das Paradies zwar nur noch „ein Symbol“ und nicht die Beschreibung einer Örtlichkeit, doch auch er schließt die Möglichkeit eines Fortlebens nicht aus: Ewiges Leben heißt, dass die Freuden des Jetzt eine Dimension erhalten, die ihnen einen außerhalb der Zeit liegenden Sinn verleihen – für ihn ist dies „unzweideutige, nicht unterbrochene Existenz in Liebe“. Rudolf Bultmann hingegen mag im Paradies schon wieder kein Symbol mehr sehen – für ihn ist es „ein Mythos“. Der Ort, wo Menschen „göttliche Eigenschaften erhalten, vor allem Unsterblichkeit und Allwissenheit“. Nur im mythologischen Sinne natürlich.

Und dann gibt es, zweitens, den Himmel derer, die ihre Mitmenschen stets anregender fanden als den, der sie gemacht hat – von der Wissenschaft daher auch als *anthropozentrisches Paradies* bezeichnet. Es entspricht dem Wunsche, dass nach dem Tod alles mehr oder weniger beim Alten bleibe: Man möchte ein Ewiges Leben unter seinesgleichen. Gott ist zwar präsent, aber er mischt sich nicht mehr ein und verdirbt einem um Gottes willen kein Vergnügen.

Dies ist das Paradies der breiten Masse, das Jenseits des Amateurs. Die Vorstellung, die den Fachgläubigen so beflügelt – die Aussicht, mit seinem Ewigen für alle Zeit allein zu sein –, ist diesem gewöhnlich Sterblichen ein Horror. Er weiß doch, was er an Ewiger Konversation zu bieten hätte: Wie Gott symbolisch oder mythisch zu verstehen wäre, hat er ja schon auf Erden nicht begriffen! Doch metaphorisch gesehen, das weiß er genau, müsste dieser in seiner Gesellschaft an Langeweile sterben – ein Himmel voller Leute läge also in beiderseitigem Interesse.

Doch wie sähe ein solches Paradies der schweigenden Mehrheit (der christlichen noch immer) dann in der Praxis aus? Woran würden wir merken, dass wir an der erbetenen Örtlichkeit angelangt sind?

Gerade da legen sich unsere sonst so allwissenden Seelsorger neuerdings nicht mehr gern fest. Im Ewigen Leben stünden wir dann alle im Angesichte unseres Schöpfers, teilen sie uns mit. Unseres Schöpfers? Und woran erkennen wir den, wie sieht er aus: groß, klein, schwarz, weiß, männlich, weiblich? Und wir selbst, in welcher Gestalt werden wir vor ihn treten? Doch um Himmels willen nicht als Seele? Wir wollen unser Paradies genießen, wollen essen, trinken, tanzen, lieben – wir brauchen einen Leib! Und wenn es in der Bibel heißt, dass wir wieder „wie die Kinder" werden, ist das dann wörtlich zu verstehen? Und falls ja: Wie lange dauert es, bis einer da drüben die Volljährigkeit erlangt?

Wir sähen das doch viel zu eng, lächelt nun der in Sachen Unsterblichkeit Studierte: Das Ewige Leben sei ohne Anfang und Ende zu verstehen, unser heutiger Begriff von Zeit und Raum sei dort selbstverständlich aufgehoben. Aber darauf lassen wir uns nicht ein: Auf ein Leben außerhalb der Zeit können und wollen wir uns nicht freuen – in einer Welt, in der alles gleichzeitig verläuft, geschieht für unsereinen zunächst einmal gar nichts. In einem Raum ohne oben und unten würden wir uns niemals heimisch fühlen – da bleiben wir doch lieber auf unserem Dorffriedhof.

Aber wir dürften das doch nicht so buchstäblich nehmen, weicht der in Belangen des Ewigen Lebens Diplomierte jetzt aus: Das Leben nach dem Tode sei unvorstellbar schön, das dem rechtschaffenen Christen reservierte Glück sei unbeschreiblich!

Unvorstellbar schön? Das kann auch dem rechtschaffensten Christen nicht die Angst vor dem Sterben nehmen: Nur etwas vorstellbar Schönes würde ihn trösten. Auch will er da drüben nicht unbeschreiblich glücklich werden. Als Lohn für die vielen Opfer im heutigen Verein begehrt er für den morgigen ein Glück, das man ihm *beschreiben* kann! Man braucht dabei nicht gleich so weit zu gehen wie jener Renaissancemönch namens Celso, der den Mitgliedern seines Ordens das zu Erwartende mit beinahe mathematischer Präzision erklärte: „Nach grober Schätzung wird der Körper des niedersten Heiligen fünfzigmal süßer schmecken als Honig, Zucker oder alles, was wir hier auf Erden kennen. Der nächsthöhere Heilige schmeckt hundertmal süßer, der Dritte wiederum wird tausendundeinmal süßer sein..."

Doch im Großen und Ganzen ist es schon das sinnenfreudige Paradies der Renaissance, von dem wir für unser Ewiges Dasein träumen. Oder wenigstens so etwas wie der Himmel des phantasievollen Swedenborg, dank ständigen Reisen von hüben nach drüben der bestinformierte Sektenführer aller Zeiten: Nur ein kleines Gewässer trennt uns nach dem Bericht dieses Augenzeugen vom Reich des Ewigen, und dennoch ist es dort so himmlisch, wie man es sich nur wünschen kann. Und dieses Himmlische beschreibt er seinen Anhängern haargenau – hier ist keiner genötigt, an die Katze im Sack zu glauben!

Doch solch phantasiebegabte Ausstatter des Jenseits sind heute aus der Öffentlichkeit verschwunden. Die Fachleute haben uns im Stich gelassen, ausgerechnet in diesem für uns so wichtigen Bereich. Denn ihm und nicht der Sorge um den zu kurz gekommenen Nächsten gilt das Unternehmen Frömmigkeit: Ungläubige beweisen immer wieder, dass man die geschundene Kreatur auch ohne Verherrlichung ihres Herstellers lieben kann. Ein Paradies? Lediglich über die Definition sind Anführer und Mitläufer sich noch einig: *Paradies bedeutet die Erfüllung all dessen, was wir uns wünschen* (Unerwünschtes wäre ja schon nicht mehr paradiesisch).

Und was wünschen wir uns? Vielleicht mehr oder weniger das, was wir uns schon auf Erden wünschten: Ein Dasein in einer absolut gerechten, absolut friedlichen Gesellschaft. Einen Ewigen Sozialstaat mit intakter Ökologie und ohne Lieferfristen für Konsumgüter. Alles wie daheim, nur eben viel, viel schöner.

Nun ist gerade der Himmel auf Erden für einen Toten, der von einem eigenen Körper träumt, kein realistisches Ziel, weil hier ja auch noch die vielen Lebenden wären. Es gibt zwar Sekten, die ihren Anhängern sogar dieses noch in Aussicht stellen: Während der ersten tausend Jahre nach ihrem Tod – erst nach dieser zweiten Prüfung beginnt hier die eigentliche Ewigkeit – dürfen beispielsweise Adventisten, Zeugen Jehovas und Mormonen noch zu Hause bleiben.

Doch dazu benötigen sie zunächst einmal die alles vernichtende Schlacht von Armageddon. Die erklärte Absicht ist ja die Erneuerung der Erde und die Auferstehung *aller* Menschen, und zwar in ihrer traditionellen Körperlichkeit. Für die Mehrzahl der Überlebenshungrigen kann diese Vision somit wenig verlockend sein: Zum einen denkt man an die zu erwartende Überbevölkerung, zum andern möchte man nicht, dass wegen des eigenen Überlebens erst noch die andern dran glauben müssen. Da weicht man lieber ein bisschen aus: Im Himmel ist schließlich Platz genug, das sieht man doch schon von hier unten. Aus diesem an sich ganz logischen Gedankengang ergibt sich die erste konkrete Forderung an den Organisator unseres Weiterlebens: Es hat sich in nicht allzu großer Entfernung von der Erde abzuspielen. Denn einerseits will man ja schon mit seinen im Himmel ungeduldig wartenden Lieben zusammensein, andrerseits möchte man aber auch die trauernden Hinterbliebenen nicht aus dem Auge verlieren: Der Durchschnittsgläubige sieht seine himmlische Zukunft als Pendler. Woraus sich das zweite Begehren des künftigen Kadavers ergibt: Er möchte nach seinem Dahinscheiden ein Engel werden. Wenn sein Ewiges Leben schon in himmlischen Bahnen zu verlaufen hat, möchte er sich dort wenigstens bequem und umweltfreundlich fortbewegen. Falls also unter einem Engel eine tote Person mit Flügeln zu verstehen ist, wäre ein Himmel voller Engel – diese vom modernen Fachmann so mitleidig belächelte Vision – die logische Konsequenz. Auf ihr wird der überlebensgläubige Laie sein paradiesisches Kartenhaus errichten.

Aus solcherlei diesseitigen, im reinsten Wortsinn *erdverbundenen* Wunschphantasien ergeben sich also die Bedingungen, die wir an ein geglücktes Jenseits stellen. Und auch wenn sich die Akzente hier von einem Frommen zum andern immer wieder verschieben – der Vegetarier träumt wohl eher von einem himmlischen Galapagos, der Verfressene visioniert am Spieße rotierende Kälber, den Säufer kann nur die Vorstellung ewiger Weinberge trösten –, in den wichtigen Punkten sind sich die meisten von uns einig:

- Wir möchten im Jenseits Menschen vorfinden – solche, die wir schon kennen, und solche, die wir schon immer kennenlernen wollten: Verwandte, Freunde und Prominente also.
- Wir möchten dort einen Körper besitzen, und zwar am liebsten wieder den gewohnten – nur jünger, schöner und vor allem gesünder.
- Wir möchten uns an unsere Zeit auf Erden erinnern können – das Persönlichkeitsbewusstsein hat im Ewigen Leben intakt zu bleiben.
- Wir möchten die Freuden der Liebe genießen – in einem Paradies hat es somit zwei Geschlechter zu geben.
- Wir möchten gut und ausreichend speisen.
- Wir möchten arbeiten dürfen, aber nicht müssen.
- Wir möchten einkaufen können, ohne an Geld zu denken, und es müsste alles geben.
- Wir möchten ein großzügiges Angebot an Unterhaltung – sämtliche irdischen Fernsehprogramme müssen zum Beispiel auch im Jenseits zu empfangen sein.

Und natürlich hätten wir auch gerne einen festlichen Empfang. Wir bestehen nicht auf der gesamten Heiligen Familie, doch wenigstens Gott sollte uns bei der Ankunft in die Arme schließen. Wäre das denn wirklich zuviel verlangt? Von einem *Paradies*?

Das Ewige Leben:
Einzelheiten

„Um eine Sache zu beurteilen, bedürfen wir mehr des Gesamtüberblicks als der Kenntnis der Einzelheiten“, schreibt Epikur in seinem Brief an Herodot. Vielleicht hätte er bei der Sache *Paradies* trotzdem eine Ausnahme gemacht, ermöglicht hier doch gerade die Kenntnis der Einzelheiten eine Beurteilung des Gesamten. Kenntnis der Einzelheiten? Wie wäre diese zu beschaffen, wenn nicht einmal das Gesamte existiert? Wie ließen sich für einen Staat, den es nur in der Vorstellung gibt, Stromverbrauch und Verkehrsaufkommen kalkulieren? Nun, vielleicht käme eine Methode in Betracht, die man im Zusammenhang mit religiösen Fragen noch nicht gewohnt ist – die sogenannte *empirische Falsifikation*: Ausgehend von einer falschen oder zumindest unwahrscheinlichen Hypothese, wird im Verlauf des Überprüfens der wahrscheinliche Sachverhalt ans Licht gebracht. Aufs Ewige Leben angewendet, müsste sich dieser Prozess freilich auf ein mehr oder weniger phantasievolles Ausmalen beschränken: Zu überprüfen gibt es am Ewigen Leben nichts.

Bis zu diesem Tage erzählen die Führer aller Konfessionen einer zumindest aus menschlicher Sicht gottverlassenen Welt, dass es ihn gibt, den gerechten, gütigen Schöpfer. Und dass er uns nach all unseren oft barbarischen Leiden auf diesem von ihm konzipierten und ausgearbeiteten Planeten Erde in einen Himmel holt, wo weder Ungerechtigkeit, Krankheit noch Tod existieren. Unser hiesiges Unglück sei lediglich eine Eigenart seines göttlichen Ausleseverfahrens, sagen sie – er wolle damit feststellen, welche seiner Kreaturen trotz all dieser „Prüfungen“ an ihn und seine Ewige Güte glaube und somit auch seines Ewigen Glückes würdig sei.

In diese überquere Logik gilt es einzusteigen, ist doch die bedingungslose Kapitulation vor diesen Unwahrscheinlichkeiten der Schlüssel, der uns später das Tor zur Beurteilung von Himmel und

Hölle öffnet. Und offenbar ist dieser Verzicht nicht einmal so schwierig: *Theodizee* heißt die unter anderem von Leibniz und Kant verfochtene philosophische Methode, den Allmächtigen gegen den Vorwurf der Machtlosigkeit oder gar Grausamkeit in Schutz zu nehmen.

Lassen wir uns also ruhig darauf ein: Es geht ja nicht um den Wahrheitsgehalt der Sonntagspredigt, sondern um die Unfähigkeit unserer Psyche, mit den Schrecken der übrigen Wochentage auf intelligentere Weise fertig zu werden. Nicht weil ihre Gedankengänge so logisch wären, glauben wir unseren Päpsten, sondern weil uns unter der Wucht des Leidensdrucks die Fähigkeit zu logischem Denken abhanden kommt: Sie winken mit einem Strohhalm, wir sehen einen Balken, an dem man sich festklammern kann.

Und naturgemäß muss vor einer solchen Kulisse auch jede an die Vernunft appellierende Aufklärung scheitern. In der Vergangenheit wurde wahrhaftig oft genug versucht, den Wunschphantasien der Frommen mit Argumenten zu begegnen: Merkt ihr denn nicht, dass sie euch mit leeren Versprechungen ködern? Seid ihr tatsächlich so blind, dass ihr ihre Motive nicht erkennt? Fragt sie doch nach Beweisen! Lasst euch einen zeigen, der drüben war! Aber nicht à la Swedenborg, nicht wie die Scheintoten von Frau Doktor Kübler-Ross: Verlangt einen *wirklichen* Zeugen!

Wie man weiß, ist ein solches Vorgehen bis heute sowohl sinnlos als auch lebensgefährlich gewesen. Da die mit den Visionen stets in der Überzahl sind, werden ihre Aufklärer entweder gewaltsam zum Schweigen gebracht oder wirtschaftlich ausgehungert und gesellschaftlich isoliert. Und wenn sie dann, erschöpft von Kampf und Alleinsein, oder nun auch selber von Todesangst übermannt „zu Kreuze kriechen", wie es so trefflich heißt, wird dies als weiterer Jenseitsbeweis verbucht: Dass man mit seinem Glauben auf der Seite der Mehrheit ist, gilt als Beleg für die Richtigkeit des Geglaubten.

Diese dumpfe Selbstgewissheit in dem am wenigsten abgesicherten aller Bereiche ist geradezu das Markenzeichen des gläubigen Menschen. Obwohl das Verb *glauben* eine Umschreibung für *nicht wissen* ist, tut man stets so, als wisse man alles. Und wenn einer kommt, der sich ausdrücklich als *Nicht-Wissender* bezeichnet (ein *Agnostiker*), dreht man auch diesem das Wort im Munde herum und nennt ihn einen *Suchenden*. Und was sucht er? Nun, eben das, was man selber bereits gefunden hat – den *wahren* Glauben. Dass es einen solchen schon per definitionem nicht geben könnte, weil man etwas *Wahres* nicht *glauben* muss (man *weiß* es), ficht dessen Verkünder nicht an: Ein gläubiger Mensch kann einem ungläubigen nicht nur das Woher und Wohin erklären, sondern weiß auch, was diesen glücklich macht.

Und so ist der sogenannte Heide seinerseits zu einer Manipulation der Logik genötigt. Um sich die Beglückungsversuche des künftigen Engels vom Hals zu halten, gibt er sich so selbstsicher wie dieser und bezeichnet sich fortan als einen, der *weiß*, dass es Gott *nicht* gibt – einen *Atheisten*. Doch dies ist ja nun auch wieder zuviel des Bösen: Nur ein Gott könnte die Nicht-Existenz Gottes (eines anderen aber dann) proklamieren – dem „Atheisten“ fehlt der hierzu notwendige Überblick über das Universum. Gäbe er dies aber zu, hätte er sofort wieder den Bekehrungswütigen an der Kehle: Dann gebe es, das wäre dessen Argument, den Allmächtigen also sogar für ihn, den Atheisten, mit einer Wahrscheinlichkeit von fünfzig Prozent? Und das wäre eine weitere Verdrehung des Denkens: Wenn dem Skeptiker die Übersicht zum Verneinen Gottes fehlt, fehlt dem Frommen auch die zum Bejahen. Der Ungläubige weiß nicht nur, dass er selber nichts weiß – er weiß auch, dass der Gläubige nichts wissen kann. Denn es gibt ja tatsächlich mehr Anhaltspunkte für die Existenz des Ungeheuers von Loch Ness als für die eines an uns persönlich interessierten, für uns das Beste wollenden Schöpfers. Und bei einer so totalen Abwesenheit von Daten wäre auch keine Wahrscheinlichkeitsrechnung möglich.

Aus Gefälligkeit wird der eine oder andere vielleicht seine nicht zu leugnende Abhängigkeit von *Zufall* und *Naturgesetzen* als Gott bezeichnen. Doch diese sind klar definierte, sich selbst genügende Begriffe. Sie Gott zu nennen ist eine Anbiederung an die Macht derer, die sich als die kommenden himmlischen Heerscharen begreifen. Schopenhauer bezeichnet diese Gleichsetzung von Gott und Natur (*Pantheismus*) als „die höflichste Art, Gott aus dem Verkehr zu ziehen“ – für ihn ist sie eine Form von Atheismus.

In der Regel kann daher die Frage den Ungläubigen auch bald nicht mehr interessieren. Weniger über den Angebeteten als über die Anbeter zerbricht er sich heute den Kopf. Denn für ihn ist das Mysterium der Schöpfung nicht Gott, sondern die Milliarden Menschen, die da inmitten dubiosester Umstände so unverdrossen für ihn Reklame machen und jedes Erdbeben als Warnung, jeden Beinbruch als Strafe, jede Blume als Geschenk von ihm deuten. Den Ungläubigen fasziniert die Selbstgewissheit, mit der ihm diese Ewigkeitsspekulanten ihre Paradiese anpreisen; die Genauigkeit, mit der sie den Weg dahin kennen; die Zuvorkommenheit, mit der sie ihm ihre Höllen beschreiben; die Sicherheit, mit der sie zwischen Gut und Böse unterscheiden; die Unbekümmertheit, mit der sie mit ihren Glocken lärmen; die Ungeniertheit, mit der sie ihr Herdenleben als Glück bezeichnen – und ihn, den Ungläubigen, als verlorenes Schaf „Seid stets bereit, jedem Rede und Antwort zu stehen, der nach der Hoffnung fragt, die euch erfüllt“ (1. Petr. 3,15). Und siehe da, sie sind es. Sogar ungefragt.

Wer über die Einzelheiten des Ewigen Lebens nachdenken will, muss aber zumindest so tun, als sei er mit alledem einverstanden. Denn wenn die Geschichte vom Leben nach dem Tode ein Märchen ist, lässt sich damit nur umgehen, indem man die Logik der Märchenerzähler übernimmt. Manche Eltern wenden diese Methode bei ihren von Alpträumen gepeinigten Kleinkindern an: Anstatt ihnen lange zu erklären, dass es den großen schwarzen Vogel neben ihrem Bettchen gar nicht gibt, öffnen sie das Fenster: „Siehst du? Schon ist er weg!“ Mit dieser unter modernen Erziehern so verpönten Kinderzimmerstrategie wollen wir es hier einmal probieren: W*enn uns die Frommen ihren Unsichtbaren zeigen, können in Zukunft auch wir ihn sehen.*

Denn alles Übrige hat auf diesem Gebiete versagt: Die Überlebensgläubigen werden nicht nur immer mehr, sie werden auch aggressiver. Wenn wir ihnen nun aber glaubhaft versichern, dass wir ihre Visionen teilen, und so tun, als würden wir ihre Hoffnung auf ein Leben nach dem Tode für realistisch halten, lässt sich vielleicht auch ihr „großer schwarzer Vogel“ verscheuchen. Wenn wir, Epikurs Vorschlag folgend, den Wahnsinn auf die Spitze treiben und mit ihnen gemeinsam überlegen, was die Erfüllung dieser Hoffnung wirklich brächte, wäre vielleicht auch die Zeitbombe Fundamentalismus nicht mehr so bedrohlich. Denn für den Fall, dass sie die detaillierte Vorstellung ihres Ewigen Lebens desillusionierte, wäre dieses ja nicht länger etwas, wofür es sich zu töten und zu sterben lohnte!

Die an die Stelle von Aufklärung tretende Arbeitshypothese wird also lauten, dass es Gott gibt und dass nach unserem Tode genau das geschieht, was unsere Hinterbliebenen so selbstsicher in ihren Traueranzeigen verkünden: *Er holt uns* (nach langer oder kurzer Krankheit, aus übergroßer Barmherzigkeit oder unerforschlicher Weisheit) *zu sich.* Wohin? Nun, in jene perfekte Welt, die er uns in seinen Schriften verspricht, und in der wir nun geduldig auf sie warten.

Und auf dieser Basis – dem bedingungslosen Glauben an die Existenz eines allmächtigen Herrschers und dessen persönliches Interesse an jedem einzelnen von uns Menschen – sind wir nun auch zu weiteren Fragen legitimiert: Wie hätte man sich ein *perfektes* Jenseits vorzustellen? Womit hätten wir in einem Paradies zu rechnen?

Die Ankunft

Wir sind also tot und drüben angekommen... Bleiben wir ruhig weiterhin bei einem monotheistischen (jüdisch-christlich-islamischen) Jenseits. Denn eigentlich ist es ja egal, an welche Überlebensvision wir uns hier halten: Eine ist so abstrus wie die andere, der Glaube daran immer zugleich eine Beleidigung unseres Verstands. So etwas wie eine vernünftig ausgedachte Unsterblichkeit kann es schon darum nicht geben, weil die Idee unseres Weiterlebens nicht vernünftig ist. Dass so viele Menschen trotzdem darauf vertrauen, steht, wie gesagt, auf einem anderen Blatt: Ihre Angst vor dem Vergehen ist einfach stärker als ihre Lust am Denken. Letzten Endes handelt es sich bei Religiosität stets um *eine krasse Form von Unbescheidenheit*: Man hält die eigene Person für zu wichtig, als dass sie verschwinden könnte.

Nun sind wir jedoch tatsächlich drüben... Bei den Einzelheiten des Grenzübertritts wollen wir gar nicht erst verweilen. Es gibt da so viele Möglichkeiten; wie wir uns vorstellen können – so viele, wie es Romane, Theaterstücke und Spielfilme über dieses Thema gibt: der soeben gefallene Soldat, der wieder aufsteht und sich erstaunt über seinen eigenen Leichnam beugt; der frisch Bestattete, der in der ersten Friedhofsnacht sichtlich erholt der Familiengruft entsteigt; der schweigende Passagier, den ein schwarzgekleideter Fährmann über den berüchtigten Grenzfluss rudert... Wie immer es in unserem Fall gewesen sein mag, es ist überstanden: Wir sind da.

Da? Wo denn? Im Paradies? So mir nichts, dir nichts? Nun, vielleicht sollten wir uns in dieser Beziehung nicht gleich zuviel zumuten. Es käme ja auch in dieser Situation wieder darauf an, was wir uns wünschten. Carl Spitteler sagt zwar, dass, vor die Wahl gestellt, direkt ins Paradies zu gehen oder zunächst einmal einen Vortrag darüber zu hören, nur das Volk der Schweizer den Vortrag wählen würde, während die Angehörigen der übrigen Nationen ganz einfach hineingingen. Aber vielleicht wären in diesem Fall auch die Verstorbenen aus den weniger vorsichtigen Völkern zu ein bisschen Theorie bereit? Vielleicht möchte niemand, dass sein Ewiges Leben dermaßen sang- und klanglos seinen Anfang nimmt? Vielleicht sollten wir uns zunächst einmal in einer Art Auffanglager sehen: einem Auffanglager im Weltraum. Erst von dort ginge es dann weiter ins eigentliche Jenseits. Vielleicht würden uns ein paar freundliche Engel einen kleinen Imbiss servieren. Wir hätten ja einiges hinter uns und müssten uns zunächst einmal von den Strapazen des Sterbens erholen. Ein Vorgang, an den wir uns natürlich bis ins kleinste Detail erinnern können: Ein intaktes Gedächtnis war ja eine der Bedingungen, die wir an unser Ewiges Leben stellten.

Und vielleicht bemerken wir nun, dass unser Ort mit der Außenwelt – dem Himmel – durch eine Art Tunnel verbunden ist. Eines jener ausziehbaren Gebilde, durch die wir auf den Airports unserer Erde zu den wartenden Boeings schritten.

Durch diesen Tunnel kommt – schwebt? – er jetzt herein.

Wer?

Gott natürlich: der Allmächtige, Allwissende, Schöpfer des Himmels und der Erde. Er kommt, wie auch immer, herein und steht – thront? – vor uns.

Und nun sehen wir ihn von Angesicht zu Angesicht – genau wie versprochen. Endlich!

Gott: Aussehen

Und zwar hätte man das mit dem „Angesicht" durchaus wörtlich zu nehmen. Es heißt zwar „Du sollst dir kein Bildnis machen", doch wenn das Paradies der Ort ist, wo unsere Wünsche in Erfüllung gehen (dies war unsere *Definition*), so muss Gott dort persönlich anwesend sein (dies war unser *Wunsch*).

Und diese göttliche Präsenz hätte sich in einem konkreten Körper abzuspielen. Wir wollen ja diesen Unsichtbaren, der da über Jahrzehnte hinweg jeden unserer Schritte überwachte, jeden unserer Gedanken registrierte, nun endlich auch einmal selber sehen! Und natürlich müsste die Gestalt, in der Gott in seinem Jenseits schließlich zu uns träte, vor allem *vertrauenerweckend* sein. Der Ewige dürfte sich also keinesfalls als Ewiges Licht oder Ewiger Raum vor uns zeigen oder etwa die Form einer Wolke oder eines auf Erden ungewohnten Lebewesens angenommen haben: Dies wäre für einen frisch Verblichenen zu erschreckend. Auch eine Tiergestalt käme für die Präsentation nicht in Frage – Tieren gegenüber fühlen wir Menschen uns zumindest im Geiste überlegen, und hier erwarten wir einen, der uns überlegen ist. Wie sonst könnten wir uns in diesem neuen Leben beschützt und geborgen fühlen? Eigentlich dürfte dies alles aber kein unlösbares Problem sein. Wenn stimmt, was in den Heiligen Schriften steht (und davon gehen wir ja nun aus), muss der Schöpfer das Äußere eines menschlichen Wesens besitzen: Hat er uns nicht „nach seinem Ebenbilde“ erschaffen? Und nur darum sah er auch gleich, „dass es gut war“: Etwas Vollendeteres als die eigene Gestalt konnte nicht einmal er sich für uns denken. Kein Zweifel: Gott sieht aus wie ein Mensch. Und ebendieser Gott, der menschenähnliche, kommt nun durch den Tunnel in unser Weltraumauffanglager. Er erblickt uns Neuankömmlinge, breitet seine Arme aus – und wir, wir eilen überglücklich zu ihm hin!

Jawohl, ihr in moderner Theologie Studierten: So und nicht anders wird es sein. Mit vagen Versprechungen und diffusen Beschreibungen ist es auf diesem Gebiet auch im einundzwanzigsten Jahrhunderts nicht getan: Eure „Wissenschaft von Gott“ lässt sich entstauben, Gott selber nicht. Denn wir, die *gewöhnlich* Sterblichen, bestehen noch immer auf einer Vision, die uns beim Sterben hilft. Und dazu gehört eine vorstellbare Begegnung mit einem *vorstellbaren* Schöpfer an einem *vorstellbaren* Ort. Und da wir die Wirklichkeit sind und euer Allmächtiger eine Spekulation, haben wir ihn erschaffen, wie wir ihn brauchen. Im Gegensatz zu seinem Kollegen Hegel ist nämlich der Philosoph Feuerbach auch heute noch aktuell: Jede Religion ist *anthropozentrisch*, weil seit jeher *der Mensch* bestimmt, was göttlich ist. *Im Anfang war das Wort* – ihr sagt es richtig. Nur ist es eben unser Wort gewesen: jenes einsilbige Gebet, mit dem wir uns, *wahnsinnig vor Todesangst*, jenen Unsichtbaren schufen, der uns unsterblich machen kann – GOTT.

Gott: Geschlecht

Aus dem gleichen Grund bleiben auch die Details der göttlichen Erscheinung dem Gesetz unseres Konsumverhaltens unterstellt. Und logischerweise wird man sich dabei zum Problem des Sterbens wie zu dem des Einschlafens verhalten: Jede Vorstellung, die beruhigt, erleichtert den Vorgang selbst – ist also zugleich richtig und moralisch. Unsere Todesangst bestimmt nicht nur, dass der Ewige der schweigenden Mehrheit das Aussehen eines Menschen hat, auch die Einzelheiten seines Auftretens obliegen unserem Vorstellungsvermögen. Obwohl sich der Durchschnittssterbliche jetzt manchmal schon geniert, dies zuzugeben, hält sich auf seiner himmlischen Hitparade „der alte Mann mit dem Bart“ wohl noch immer an erster Stelle. Von ihm hatten ja schon die Eltern vorgebetet, mit ihm steht er von Kindesbeinen an auf vertrautem Fuße. Als er damals seinen ersten Vertragsentwurf stammelte: „Lieber Herrgott, mach mich fromm, damit ich in den Himmel komm’“, war es dieser, den er über seinem Bettchen sah.

Natürlich spielen bei der göttlichen Geschlechtsbestimmung auch die verschiedenen Konfessionen eine Rolle: „Sei gepriesen, Herr unser Gott, König der Welt, dass du mich nicht zur Frau gemacht hast“, muss zum Beispiel der jüdische Mann laut Gebetbuch danken. Wem könnte hier später noch der Gedanke an eine Erste Dame kommen? Dem Christen ist der Gedanke an einen Herrn so selbstverständlich, dass er nur zögernd an eine weibliche Alternative denkt. Und im Islam würde sich wohl nicht einmal eine vergeltungswütige Verschleierte eine Ewige erfinden!

Trotzdem kann sich mancher Sterbliche in der hohen Position neuerdings schon eine Frau vorstellen. Doch nicht zu jung dürfte sie sein. Zuvorkommend, aber nicht übertrieben freundlich (sie ist ja der Boss), mit einer vollen, angenehmen Stimme (etwa wie jene, die sich die damalige britische Premierministerin Margaret Thatcher von der zweiten Amtsperiode an antrainierte) und auf keinen Fall zu sehr herausgeputzt. Man stelle sich also unter einem weiblichen Gott so etwas wie eine erfahrene Krankenhausärztin vor, die Chefstewardess einer unfallfreien Fluggesellschaft, die Vorstandsvorsitzende einer Schweizer Bank.

Die ganz elegante Lösung wäre in dieser Stellung ein Bisexueller. Doch leider tut der künftige Engel sich gerade mit dieser Vision ein wenig schwer, hatten seine irdischen Seelsorger ihm doch beigebracht, sich unter diesem Begriff einen Sünder vorzustellen!

Für den progressiven Frommen ist selbstverständlich auch diese Gottesgestalt erhältlich. In einem Paradies kann es ja nur eine Regel geben: Erlaubt ist, was gefällt. Selbst wenn sich der eine oder andere von uns Sterblichen unter seinem Ewigen also etwas ganz, ganz Ausgefallenes vorstellen sollte: Der Gott, der schließlich durch den Tunnel auf ihn zukommt, ist genau der, den er anzutreffen hoffte.

Gott: Charakter

Schön, das sind unsere Mutmaßungen über die Äußerlichkeiten des/der Allmächtigen. Wie hätten wir uns nun sein/ihr Wesen vorzustellen, seinen/ihren Charakter?

Leser und Leserinnen sehen, wie sehr ihnen auch auf diesem Gebiet eine nichtsexistische Lesart im Wege stünde. Es wird daher vorgeschlagen, zunächst noch bei der vertrauten Formulierung zu bleiben und, eingedenk der Vorstellungen der Mehrheit, von Gott wie von einem Mann zu schreiben.

Beginnen wir also noch einmal: Welche wären die moralischen Qualitäten, die wir von einem Herrgott erwarten dürften? Wie sähe es mit dem Charakter unseres Ewigen aus?

Zunächst einmal müssen wir jeden philosophischen Standpunkt beiseite schieben. Für einen konsequent denkenden Menschen dürfte der Gott eines monotheistischen Systems ja nicht nur kein Geschlecht, sondern auch keinen Charakter besitzen: Wenn Gott *Alles* ist, trifft auch *jede* Charakterisierung auf ihn zu: gut, böse, gescheit, dumm, ausgeglichen, cholerisch, verzeihend, rachsüchtig, bescheiden, arrogant usw. Ein Priester, der von der Kanzel herab verkündet, der Herr sei gerecht, begeht mehrfache Blasphemie: Er hat seinen Gott verkleinert, ihm nicht nur die Fähigkeit des Weiblichseins, sondern auch die zur Ungerechtigkeit abgesprochen.

Im philosophischen Sinne kommt also jede Anbetung, die aus einem bestimmten Grunde erfolgt, einer Gotteslästerung gleich, weil sie durch ihr Lob den Allmächtigen auf von Menschen zur Tugend erklärte Eigenschaften reduziert. Die jüdischen Ideologen haben dieses Problem erkannt und deshalb auch vorgeschlagen, ihrem Gott nicht einmal einen Namen zu geben. Wie weit sie bei ihrer Gefolgschaft damit gekommen sind, hat man am Beispiel des vorigen Kapitels gesehen.

Und auch die übrigen Frommen kommen so nicht weiter. Wenn Gott *Alles* ist, wenn sein Charakter *jede* Qualität und *jeden* Widerspruch in sich vereint, ist er zugleich auch *Nichts*. Ein Gott ohne ganz bestimmte Eigenschaften wäre für einen Gläubigen verstandesmäßig nicht zu fassen – er wäre sozusagen überhaupt nicht vorhanden und könnte daher auch nicht die Angst vor dem Sterben nehmen. Und das ist ja der Zweck der religiösen Übung. So basteln wir denn aus dem *Alles* unseres Schöpfers einen Helden nach unserem kleinkarierten menschlichen Verstand. Wie wir uns am Äußeren Gottes vergingen, vergewaltigen wir dann später auch seinen Charakter, indem wir uns den programmieren, der uns selbst am besten passt.

Zielstrebig wird das Idol mit Werten ausgestattet – und zwar mit den allerbesten. Denn wenn *wir* Gott lieben wollen, muss er ja *uns* liebenswert erscheinen. Für jenes Maximum an Selbstaufgabe, zu dem der Fromme bereit ist, hat er zunächst einmal ein gerütteltes Maß an Selbstsucht nötig.

Und das Ergebnis?

Wie ist unser Ewiger nach dieser Manipulation zu seinen und unseren Gunsten:

allmächtig oder machtlos,
allwissend oder uninformiert,
ausgeglichen oder cholerisch,
verzeihend oder rachsüchtig,
uneitel oder eitel,
gerecht oder ungerecht?

Kein Zweifel: Er hat von all diesen Eigenschaften die erstere, die positive. Denn natürlich wünscht man sich einen allmächtigen, allwissenden Gott – ein ohnmächtiger, uninformierter wäre ja ein Wesen wie man selber. Natürlich bevorzugt man einen ausgeglichenen, verzeihenden Herrscher: Cholerikern ist man auf Erden zur

Genüge begegnet, in der Ewigkeit möchte man seine Ewige Ruhe. Und ein rachsüchtiger, eitler Allmächtiger wäre ein Diktator und somit niemand, der für ein Paradies in Frage käme. Der zürnende Gott des Alten Testaments wäre in einem Jenseits ohnehin nicht nötig: Dort wären wir ja alle Engel – warum sollte uns einer zürnen müssen? Auch der Macho der Ersten Stunde käme uns nicht in den Garten Eden: Zuerst verbietet er einer nackten jungen Frau das Apfelessen, und nachher prüft er mit Hilfe eines Reptils, ob sie ihm wirklich hörig ist. Auch wenn wir uns die allerstrengste Gläubigkeit zum Vorsatz machten: Zum Ruhme Gottes und im Interesse von Christenheit und Judentum werden wir dieses Detail des Sündenfalls für einen Übersetzungsfehler halten. *Unser* Gott hätte nicht zu solchen Tricks gegriffen, schon gar nicht gegenüber einem weiblichen Wesen.

Kurz und gut: Auch in Temperament und Charakter passen wir Gott unseren Wünschen an. Und wir wünschen uns nun einmal den, zu dem wir als Kinder zu beten pflegten: den *lieben.* Wir fordern nun einmal jenen, den man uns als Erwachsenen zum Ausgleich für die Ungerechtigkeiten unserer Welt versprach: den *gerechten.* Doch da es sich hier um ein Paradies handelt, werden wir natürlich auch in dieser Beziehung nicht enttäuscht: Unser Ewiger ist von *absoluter* Güte, seine Gerechtigkeit ist *perfekt.*

Und der Teufel?

Aus der Erfüllung dieser beiden Hauptbedingungen an den Charakter Gottes – Güte und Gerechtigkeit – würden sich aber zunächst einmal ein paar Überraschungen ergeben. Enttäuschende für die Tugendhaften, freudige für die Sünder.

Wir sind nämlich *alle* in den Himmel gekommen, dürfen alle bleiben. Die berüchtigte Hölle gibt es nicht, jawohl, und auch dieser scheußliche Satan war eine Erfindung unserer Überlebensversicherungskonzerne. Erst angesichts unseres Gottes wird uns klar, in welchem Ausmaß wir hier hereingelegt worden sind: Der Teufel! Wie konnten wir nur so naiv sein, unseren Päpsten zu vertrauen?

„Der Teufel...“, lächelt nun auch unser selbsterschaffener Schöpfer gütig. „Alle kommen Sie hier mit der gleichen fixen Idee herauf. Warum haben Sie nicht ein bisschen nachgedacht? Wozu habe ich Ihnen einen Verstand gegeben? Also das würde ich nun wirklich als Gotteslästerung bezeichnen: Da habe ich mir etwas so Fabelhaftes wie das menschliche Gehirn einfallen lassen, und Sie benützen es nicht einmal?“

„Hören Sie: Wenn ich der Schöpfer bin, wenn ich die Erde gemacht habe und alles, was es darauf zu sehen gibt, dann habe ich doch auch Sie, die Menschen, produziert. Und zwar mit allen Ihren Fehlern und Schwächen. Jeder von Ihnen muss also notgedrungen unschuldig sein, hab ich recht? Denn wenn es Gott gibt – und das wäre ja wohl hiermit klargestellt –, kann es doch für den Menschen keine freie Entscheidung geben. Wenn ich für Ihren Charakter verantwortlich bin, begehe ich doch automatisch auch Ihre Sünden.“

„Diese Arbeitsteilung zwischen Gott und Teufel, die Sie sich da zurechtgelegt haben: Sie wollten mich entlasten, ich weiß... Aber eigentlich wär’s mir lieber gewesen, Sie hätten statt dessen ein wenig mitgedacht: Wenn ich alle Geschöpfe gemacht habe, so ginge doch auch der sogenannte Satan auf mein Konto. Dann hätte doch ich persönlich Sie – in welcher Gestalt auch immer – in Versuchung geführt. Wäre zumindest der Schreibtischtäter.“

„Ein Allmächtiger, der ausgerechnet dem Bösen gegenüber hilflos ist, wie stellen Sie sich das denn vor? Wo wäre hier die Allmacht? Nur für den Fall, dass es mich *nicht* gäbe, könnten Sie, der Teufel oder wer auch immer, an irgend etwas schuld sein. Doch ich stehe doch hier vor Ihnen, nicht wahr? Es ist also logischerweise alles meine Schuld: Mea culpa, jawohl – mea maxima culpa!“

„Der Tag des Gerichts!“, spricht Gott nach einer kurzen Pause weiter, „so etwas haben Sie mir zugetraut, tatsächlich? Mir, Ihrem *lieben* Gott? Dachten Sie wirklich, ich würde hier nach Ihrer Ankunft schmutzige Wäsche waschen: ‘Warum haben Sie im Dezember 86 Ihren prachtvollen Ehemann mit diesem albernen Schauspieler betrogen?’ ‘Wie konnten Sie bei der Einweihung jenes

Supermarktes eine Stange Gaulloise mitgehen lassen?' Da haben Sie mich aber gehörig unterschätzt!"

„Und erst diese Horrorgeschichte mit der Hölle! In Ihren frommen Liedern loben Sie meine Barmherzigkeit, und dann halten Sie mich für fähig, solche Gräuel zu begehen? Ein Gott, der sich an die Rampe stellt und selektiert – der da fürs Fegefeuer, der da fürs Paradies? Wie konnten Sie auch nur eine Sekunde lang glauben, dass ich so etwas gestatten könnte: meine unschuldigen Geschöpfe in einem Ewigen Feuer rösten! Das Jenseits als KZ!"

„Ja, vielleicht sollte ich eine Hölle für die errichten, die solche Verleumdungen in Umlauf setzen – ich habe es oft überlegt. Aber auch Bischöfe und Ajatollahs sind doch schließlich meine Geschöpfe, auch die Machtgier der Gottesmänner ist Gottes Werk. Wie dürfte ich sie also zur Rechenschaft ziehen? Sie werden sagen, sie hätten nur Ihr Bestes im Auge gehabt – das Ganze sei eine Maßnahme zur Verbrechensprophylaxe gewesen."

„Nein, auch für die Verbrecher gibt es hier keinen Grill. Sehen Sie sich doch einmal die Statistiken an: In den Industrieländern des Planeten, von dem Sie kommen, sind zum Beispiel achtzig Prozent aller Delinquenten ehemalige Heim- und Fürsorgezöglinge. Und wer hat ihnen denn ein Schicksal im Waisenhaus zugemutet? Wer hat ihnen vor der Zeit Vater und Mutter geraubt? Das war doch ich!"

„Ich weiß, dass es Ihnen im Augenblick noch schwerfällt, mir zu folgen: Doch nein, auch für die Drogenbarone ist kein Schauprozess vorgesehen. Denn wenn ich zum einen die Ursache Ihres Unglücks bin und zum andern Substanzen erfinde, die Sie dieses für ein paar Stunden vergessen lassen, dann bin es doch ich, der Sie süchtig macht, nicht wahr? Wenn ich etwas so Kriminelles wie den Opiummohn gedeihen lasse und dazu noch jene gewissenlosen Gangster, die sich daran bereichern, dann bin doch *ich* der Dealer! Sie können nicht alles Schlechte sich selbst in die Schuhe schieben und alles Gute mir: Das ist nicht fair!"

Wir Neuankömmlinge nicken uns begeistert zu: Ein toller Gott, eine klare Rede!

Aber warum nur?

Warum?!

Wenn dieser Allmächtige dermaßen gütig und gerecht ist – warum hat er dann all dieses Elend über seine Welt verbreitet? Wenn es nicht geschah, um unseren Glauben an ihn zu prüfen – welchen Sinn hatte es dann? Wir ziehen uns zur Beratung zurück, rufen kurz entschlossen eine *Vereinigung Neuer Engel* (VNE) ins Ewige Leben, beantragen als solche unverzüglich eine Fragestunde.

Und da dies ein Paradies ist, wird dem Anliegen selbstverständlich stattgegeben.

Das Jüngste Gericht

Und dann folgt die nächste Überraschung. Gott hat unser Begehren nicht nur vorausgesehen, er hält auch die perfekte Bezeichnung dafür bereit:

„Sie fordern ein Jüngstes Gericht? Dann nehmen Sie bitte gleich einmal alle Platz. Ich weiß, die Geduld neuer Engel ist begrenzt, und je schneller wir die Sache hinter uns bringen, desto früher sind Sie ja nachher in Ihrem Paradies!“ Und während nun ein paar Eingesessene goldverzierte Schemel um den Allmächtigen gruppieren, beginnen wir zu begreifen: Aber natürlich! Diese Gerichtsverhandlung, mit der uns die Experten zeit unseres Lebens drohten, die war von Anfang an für ihn gedacht, für den Macher! Denn wenn Gott der Verantwortliche ist, wenn nichts ohne seinen Willen geschieht, dann ist es logischerweise er, der uns nach der Ankunft Rechenschaft zu geben hat! Dann obliegt das Urteil doch uns, den Geschöpfen!

Wir schlagen uns an die wiedergeborene Stirn: Warum sind wir nicht wenigstens darauf von allein gekommen? Dass wir uns selbst auf der Anklagebank sahen, war doch der reine Größenwahn! Wie konnte eine so gescheite Instanz wie dieser Schöpfer nur so viel menschliche Einfalt kreieren? Nun gut, wir können ihn ja gleich fragen!

Und schon sitzen wir alle zu Füßen unseres Herrn, stellen ihm, zuerst stockend, dann zunehmend mutiger, unsere nur allzu legitimen Fragen. Zuerst kommt natürlich das Private an die Reihe:

> Warum haben Sie mich in diesen blöden Swimmingpool fallen lassen, noch dazu an meinem fünften Geburtstag? Was sollen jetzt die anderen Kinder von mir denken? Die halten mich doch für doof!
>
> Warum haben Sie mich bei jener Mathematikprüfung nicht abschreiben lassen? Ein Punkt mehr, und ich hätte das Diplom geschafft! Mein ganzes Leben wäre anders gelaufen!
>
> Warum habe ich diesen schwedischen Piloten nicht gekriegt? Er war doch der einzige Mann, den ich liebte! Einen Zollbeamten haben Sie mir geschickt!
>
> Warum haben Sie meiner Nachbarin fünf Kinder gegeben und mir nicht einmal eines? Nie hat man die in einer Kirche gesehen – fragen Sie doch den Pfarrer!
>
> Warum mussten Sie ausgerechnet mich bestechen lassen? Sie wussten doch, dass mich diese Affäre die Karriere kostet! Minister hätte ich werden können, Präsident!

Irgendwann ist auf dem persönlichen Sektor die größte Neugier befriedigt, und wir machen uns an das Allgemeine. Alles was wir schon immer über die Schöpfung wissen wollten und nicht zu fragen wagten (schon weil wir das stereotype „Gottes Wege sind wunderbar“ unserer Seelsorger nicht mehr hören konnten), jetzt kommt es an die Reihe. Und auch wenn sich nun die Fragen der Neuankömmlinge nach Herkunftsland und sozialer Schicht beträchtlich unterscheiden (ein früherer Eskimo wird nicht das gleiche wissen wollen wie ein Toter aus der Südsee, ein ehemaliger Slumbewohner nicht das gleiche wie einer, der erst vor ein paar Stunden sein Zeitliches in einer teuren Privatklinik segnete), wird es doch auch Fragen geben, die alle interessieren. Dazu könnten zum Beispiel folgende gehören:

> Sie haben uns erschaffen, wer machte Sie?
>
> Woher wissen Sie, dass Sie allwissend sind?

Da es Sie doch gibt – warum zeigen Sie sich da unten nicht zuweilen?

Wofür haben Sie den Menschen gemacht? Den Zweck der Übung, wie würden Sie den bezeichnen?

Sie meinten, Sie seien nicht besonders inspiriert gewesen, als Sie uns seinerzeit erfanden. Warum ließen Sie uns dann in Serie gehen?

Warum haben Sie uns nicht ein wenig stabiler konstruiert? Bei einer Lebensdauer von dreihundert Jahren hätten Sie sich vielleicht Ihr ganzes Ewiges Leben sparen können!

Geht dieses nicht sowieso ein wenig gegen die Menschenrechte? Angenommen, da wäre einer nach dem Sterben lieber tot, für den ist das doch Folter?!

War das mit Ihrem Sohn nicht Nepotismus? Warum durften *wir* nicht vor den Augen unserer Hinterbliebenen gen Himmel fahren?

Wenn es bei Ihnen so schön ist, wie man sagt – warum ließen Sie dann den Selbstmord verbieten?

Ist das Beten nicht eher unmoralisch? Denn es gibt doch wohl immer einen, der Ihre Hilfe noch dringender benötigt! Und falls Sie sich durch Bitten nicht erweichen lassen, muss man es dann nicht als unsinnig bezeichnen?

Wenn Sie alles machen, ist dann nicht Ihr Atheist eine versuchte Irreführung der öffentlichen Meinung?

Das mit dem Heiligen Geist, stammt das von Ihnen?

Als Sie Ihren Löwen erfanden, wollten Sie uns da erschrecken? Und warum haben Sie die Produktion Ihrer Riesenschildkröte eingestellt?

Eine Frage zu Ihrer Energiepolitik: Warum ist Ihre Nacht nicht besser ausgeleuchtet? Zu Ihrer Atompolitik: Musste diese Bombe sein – konnten Sie sich nicht mit der Erfindung des Atoms zufriedengeben?

Zu Ihrer Rassenpolitik: Wollten Sie mit Ihren Schwarzen Ihre Rassisten vergnügen?

Sind Hungersnöte Ihre göttliche Art, gegen die Unersättlichkeit des Menschen zu protestieren?

Sind Ihre Wirbelstürme himmlische Maßnahmen zur Förderung des Baugewerbes?

Dienen Ihre chronischen Leiden der Erhaltung von Arbeitsplätzen im Gesundheitswesen?

Sollen wir in Seuchen Ihren persönlichen Beitrag zur Geburtenkontrolle sehen?

Welches Zeichen wollten Sie uns mit Ihrem Ozonloch geben?

Warum haben Sie ausgerechnet Ihren hübschesten Männern dieses brutale Virus nachgeschickt? Angesichts der Überbevölkerung auf Ihrer Erde müssten Sie doch für jeden Homosexuellen dankbar sein!

Existiert ein Paradies für Tiere? Und falls ja, was geschieht dort mit den Krankheitsbazillen?

Woher kommen die vielen Widersprüche in Ihren Schriften? Haben Sie denn als Autor nicht das letzte Wort?

Und so weiter...

Und wie hat Gott, der Gütige, Gerechte, auf diese improvisierte Gerichtsverhandlung reagiert:

War er erstaunt, gekränkt, verärgert, amüsiert, betroffen, verunsichert, schuldbewusst, verletzt?

Sagte er mit geheimnisvollem Lächeln, seine Wege seien nun einmal wunderbar, er staune manchmal selbst?

Plädierte er auf verminderte Zurechnungsfähigkeit während der entscheidenden sechs Tage – normalerweise hätte er es wirklich nicht so gut gefunden?

Wollte er seinen Anwalt sprechen?

Die Verfasserin gesteht, dass ihre Phantasie mit dem Ausmalen der göttlichen Reaktion überfordert ist: Was der Allmächtige zu den einzelnen Punkten zu Protokoll gab, mögen sich jene ausdenken, die überzeugt sind, dass es ihn gibt und dass er da drüben auf sie wartet.

Himmel auf Erden, Erde im Himmel

Auch die Sache mit dem Jüngsten Gericht wäre also fürs erste erledigt. Falls wir noch weitere Fragen an den Allwissenden haben sollten – wir sind im Himmel, er läuft uns ja nicht weg. Doch wenigstens einen Rundflug möchten wir machen über das Land, wo Milch und Honig fließen!

Einen Rundflug? Wir haben ja noch nicht einmal unsere Flügel! Wir befühlen uns gegenseitig die Schulterblätter: Nein, auch gewachsen ist uns nichts... Noch ehe wir aber unser Missbehagen äußern können, werden sie uns überreicht: ein herrlich weites, federleichtes Flügelpaar für jeden – auch noch in seiner Lieblingsfarbe! Und *abnehmbar*. Auch auf Erden ließ man ja sein Fortbewegungsmittel vor der Tür.

Einem Wink Gottes folgend, betreten wir vertrauend den geheimnisvollen Tunnel und wagen an dessen Ende den Absprung in sein All. Und nun ist es nicht mehr zu bestreiten: Wir sind *wirklich* im Himmel und flattern wie *echte* Engel (wenn auch noch etwas unbeholfen und mit dem albernen Gekicher, an dem man im Jenseits eine Gruppe neu Verstorbener erkennt) in Richtung *Paradies*. Jenes Land Ewiger Ferien, das uns die Reiseabteilung des Konzerns so warm empfohlen hat, gleich würden wir es erblicken!

Und nun beginnt bereits das erste Dilemma, und zwar ist es eines der physikalischen Art. Denn es gibt unter uns künftigen Toten wohl immer wieder ein paar Asketen, die bereit sind, den Himmel so zu nehmen, wie er sich von hier unten präsentiert: Sie wären vollauf damit zufrieden, bis in alle Ewigkeit auf einer Wolke zu sitzen und den Herrn zu preisen, sagen sie, notfalls sogar zur Begleitung einer Harfe.

Doch solche Beispiele realistischer Selbstbescheidung sind wohl schon in der guten alten Zeit die Ausnahme gewesen – unter den Toten der Konsumgesellschaft dürften sie bald ganz ausgestorben sein. Die meisten von uns stellen sich ihr Ewiges Leben schon ein wenig komfortabler vor: *Alles wie daheim, nur eben schöner* – von dieser Losung weichen wir nicht ab. Nachdem der Himmel auf Erden so danebenging, möchten wir im Jenseits die Erde im Himmel erleben. Auch auf die Fliegerei freut man sich natürlich, doch dazwischen hätte man gerne immer wieder festen Boden unter den Füßen.

Und was bedeutet dies?

Es bedeutet, dass von der Masse der Sterblichen ein Paradies mit Bergen, Wäldern und Wiesen erwartet wird. Eine Ewige Welt mit Seen zum Baden, Flüssen zum Angeln, Meeren zum Segeln. Und obwohl man notfalls auch mit der idealen Durchschnittstemperatur von siebzehn Grad zufrieden wäre, hätte man letztlich doch lieber wieder seine gewohnten Jahreszeiten. Und gerne auch noch ein paar extreme Klimazonen – Schneelandschaften und Wüsten, Ewiges Eis und Ewige Hitze. Denn selbst wenn man in einem Ewigen Leben nicht wirklich verunglücken kann – die Möglichkeit zum Abenteuer sollte es schon geben. Die einzige Neuerung, auf die sich diese schweigende Mehrheit einlässt, ist die autofreie Stadt. Und auch das nur, weil dann jeder Flügel hat.

Nun werden hier aber sogar *fromme* Physiker protestieren. Falls es im Weltall, so nah bei unserem Planeten auch noch, eine solche Materialisierung gäbe, meinen sie („ein objektives Reich strukturellen Seins"), dann wüsste dies die Wissenschaft nicht nur, sondern hätte es auch erforscht. Dieser Traum dürfte also beim besten Willen nicht erfüllbar sein. Nicht einmal für einen Allmächtigen! Ein Vorschlag zur Güte: Klammern wir diesen Punkt doch einfach aus. Für die Beurteilung der Überlebensqualität in dem gelobten Lande ist die Wahrscheinlichkeit seiner physikalischen Existenz im Augenblick nicht ausschlaggebend. Konzentrieren wir uns auf die Frage, wie *lebenswert* das Leben in diesem Reich aus Antimaterie (oder sonstwas) wäre. Wer weiß schon, ob wir es danach überhaupt noch brauchen? Vielleicht kommen wir zum Schluss, dass wir am liebsten auf die gesamte Ewigkeit verzichten? Dann hätten wir uns doch über ihre physikalische Wahrscheinlichkeit umsonst herumgestritten! *Nichts ist unmöglich für den, der glaubt*, lehrt die Bibel. Halten wir uns daran! Gehen wir davon aus, dass es diese Erde im Himmel schon deshalb gibt, weil so viele Menschen so fest an sie glauben. Und dass wir uns nun direkt im Anflug darauf befinden...

Abgesehen von der herrlich intakten Landschaft, was dürften wir himmlischen Heerscharen dort erwarten? Welche Überraschungen ergäben sich aus Gottes Ewiger Gerechtigkeit?

Jeder Engel ist schön

Die erste Überraschung wären zunächst einmal wir selbst, seine neuen Engel. Unser neues Äußeres, um genau zu sein – unsere wiedergeborenen Leiber. O nein, keine Sorge, auch hier ist dem Schöpfer unser Wunsch Befehl gewesen – an unserer Anatomie wurde nichts verändert. Unsere Köpfe haben Augen, Ohren, Nasen, Münder, und an unseren Rümpfen ist die übliche Anzahl Extremitäten angebracht. Und da wir uns für unser Ewiges Leben unterschiedliche Geschlechter wünschten, stehen wir uns nun auch im Himmel als Männer und Frauen gegenüber.

Damit hier die Transvestiten unter uns kommenden Toten nicht erschrecken: Natürlich hätten sie selbst im Jenseits automatisch das auf Erden immer nur vorgetäuschte Geschlecht – niemals würde Gott einem *Engel* zumuten, dass er sich sein (Ewiges) Leben lang verstellt. Doch für die meisten von uns bliebe wohl auch in der neuen Welt alles beim Alten. Die Zugehörigkeit zu einem bestimmten Geschlecht könnte ja nicht länger Nachteile mit sich bringen. In einem gerechten, friedlichen Milieu müsste kein Mann mit diskriminierendem Militärdienst rechnen, keine Frau um gleichen Lohn für gleiche Arbeit kämpfen. Kriege gäbe es keine, und auch ohne zu arbeiten, hätte jede Engelin, was immer sie sich wünschte: beheizbare Lockenwickler, kussechte Lippenstifte, künstliche Wimpern – alles wäre in einem Paradies zu haben, und alles gäbe es umsonst. Und wenn wir ehrlich sind, waren die meisten von uns ja auch im irdischen Leben mit ihrem Geschlecht ganz zufrieden. Wer klagte, dass er lieber ein Mann wäre, forderte im Grunde nur eine Verbesserung seiner *weiblichen* Rolle. Und bei den Männern war die Gehirnwäsche so gründlich, dass sie nicht einmal auf die Idee kamen, die Gattin zu beneiden: Man nannte sie „die Herren der Schöpfung“ und schickte sie zum Geldverdienen, an die Front oder wo immer man sie sonst zu gebrauchen glaubte. *Mulier taceat in ecclesia* – das heißt doch, dass wir Frauen nicht einmal in unserer Kirche was zu melden haben? Los, Hochwürden, übersetzen Sie's ihm!

Nein, die Überraschung kommt von anderer Seite und ist die logische Folge unserer während des Jüngsten Gerichtes vorgetragenen Beschwerden über die Welt, die wir verließen, und von Gottes Wiedergutmachungspolitik. Denn die Ungleichheiten, die uns auf Erden wirklich zu schaffen machten, waren die an Jugend, Hautfarbe und Schönheit: Überall auf der Welt sah man die Alten sehnsüchtig auf die Jungen blicken, die Weißen herablassend auf die Schwarzen, Roten, Gelben, und alle zusammen starrten wir fasziniert den wenigen wirklich schönen Menschen hinterdrein. Auf all diesen Sektoren wäre im Himmel jedwede Benachteiligung beseitigt:

In einer himmlischen Welt sind alle Wesen gleich alt

Vielleicht käme diese Veränderung nicht mit einem Schlag – dies ist ja ein Paradies, man würde uns nicht erschrecken wollen. Doch wer alt gestorben ist, wird in den folgenden Tagen, Wochen, Monaten stetig jünger. Wer als Kind kam, reift in kürzester Zeit zum Erwachsenen. An einer bestimmten, als optimal erachteten Altersgrenze finden diese im Eiltempo verjüngten und gealterten Engel zueinander und bleiben für alle Ewigkeit, wie sie sind.

An welcher Grenze? Nun, wenn wir hier auf Erden vom idealen Alter sprachen, sagten wir dann nicht meist, wir möchten noch einmal zwanzig sein – mit all unserer heutigen Erfahrung? Dem Alter, in dem uns die Eltern endlich nichts mehr zu befehlen hatten und unserem Geist und Körper trotzdem noch die Frische des Anfängers zur Verfügung stand?

Diesem Wunsche ist im Jenseits stattgegeben: Als Engel sind wir alle so um die Zwanzig und so gescheit wie zum Zeitpunkt unserer Letzten Ölung. Mindestens.

In einer himmlischen Welt haben alle Wesen die gleiche Hautfarbe

Auf diesem Gebiet müsste also unser Schöpfer seine Kreativität ein wenig bremsen. Wie man auf Erden sieht, scheint das Herumexperimentieren mit der Farbe unserer Epidermis ja so etwas wie ein Steckenpferd von ihm zu sein – und keiner weiß wohl so gut wie er, wie teuer wir dafür zu allen Zeiten zu zahlen hatten. Für einen Himmel kämen solche Spielchen mit dem Feuer des Rassismus nicht in Frage. Lediglich beim Kolorieren von Männern und Frauen könnte der Ewige sich gewisse Extravaganzen leisten, ohne sein eigenes Prinzip von Gerechtigkeit und Gleichheit zu verhöhnen. So könnte er zum Beispiel guten Gewissens seinen weiblichen Engel etwas heller, den männlichen etwas dunkler tönen – der erotischen Anziehungskraft zwischen den Ewigen Geschlechtern wäre der kleine Unterschied wohl eher zuträglich, und auch vom Optischen her wäre für eine gewisse Abwechslung gesorgt. Von heerscharenweise eingefärbten Engeln wäre ihm aber abzuraten.

In einer himmlischen Welt sind alle Wesen gleich schön

Auf Erden empören wir uns zu Recht über die Privilegien von Mächtigen und Reichen. Sind aber in Wirklichkeit nicht die Hübschen und Anmutigen die Bevorzugtesten von allen? Ist Schönheit nicht das reaktionärste Privileg, das ein Mensch besitzen kann? Ein schöner Armer kann unter günstigen Umständen (die er meist eben dieser Schönheit verdankt) reich werden. Ein hässlicher Reicher wird trotz all seines Geldes niemals schön. Wie viele gutsituierte Frauen würden ein Vermögen opfern, wenn sie dadurch wenigstens für ein paar Jahre zu gutaussehenden Frauen würden? Doch nicht einmal die kosmetische Chirurgie hat bis heute dieses Wunder geschafft. Im Unterschied zu Macht und Geld kann man Schönheit weder kaufen noch stehlen. Sie ist das einzige irdische Gut, das sich der Umverteilung widersetzt: Gegen Reiche und Mächtige kann man es mit Klassenkampf und Revolution versuchen – zur Enteignung der Schönen taugen solche Methoden nicht. Was liegt also näher, als gerade dieses Privileg im Himmel abzuschaffen und Engel auch in dieser Beziehung gleichzumachen? *Gleich schön* natürlich – ein hässlicher Engel wäre ja grotesk!

Gleich schön? Bedeutet das in letzter Konsequenz nicht *identisch* – ein Engel „haargenau" wie der andere, zumindest im Äußeren? Wo wäre hier der Fortschritt? Die himmlischen Wesen würden sozusagen auf *einen Mann und eine Frau* zusammenschmelzen, der neue Garten Eden wäre so langweilig wie der alte. Noch langweiliger, weil Gott das Theater mit der Schlange bestimmt nicht wiederholt. Gemach: Es gäbe noch eine zweite, wohl nicht ganz so gerechte, dafür aber unterhaltsamere Möglichkeit, das Problem zu lösen. Wiederum käme es ja auf unsere Wünsche an: Wenn wir es wirklich wollten, könnte jeder Engel anders und dennoch von vollendeter Schönheit sein.

Unmöglich? Nicht für einen Künstler von der Größenordnung dieses Schöpfers! Wie man an den Varianten menschlicher *Hässlichkeit* sieht, die er sich für seine Erde einfallen lässt, kennt seine Phantasie ja gerade in Bezug auf unser Äußeres keine Grenzen. Ist nicht die überwiegende Anzahl seiner irdischen Kreaturen unscheinbar, lächerlich und plump – und zwar jede auf eine ganz eigene, unnachahmliche und unverwechselbare Art?

Doch auch dass er weiß, was Schönheit ist, zeigt er uns von Zeit zu Zeit: So nach jedem zehntausendsten seiner mehr oder weniger unattraktiven Erdenbürger beweist er uns ja immer wieder, was er eigentlich auch noch könnte, und stellt ein Geschöpf hin, das so perfekt ist, dass uns anderen vor Neid und Bewunderung der Atem stockt.

Wie selten diese Ausnahmen sind und wie hoch wir Schönheit schätzen, erkennt man daran, dass wir für ihren Anblick mit barer Münze zahlen. Der Reiche verschafft sich durch Heirat das Privileg, einen Schönen um sich zu wissen (und mit dessen Hilfe Nachkommen zu zeugen, die „sich sehen lassen" können). Weniger Bemittelte gehen ins Kino, um ein besonders gelungenes Exemplar wenigstens für ein paar Stunden bestaunen zu dürfen, und selbst die Ärmsten der Armen hängen sich noch Hochglanzfotos in die Bretterbude. Da wir Schönheit nicht kaufen können, kaufen wir uns die Schönen – sie und nicht die Reichen sind die Idole unserer zeitlichen Welt.

In der Ewigen haben wir solch entwürdigende Peep-Shows nicht mehr nötig. Denn natürlich hat sich der Herr für seine endgültige Kreatur mehr angestrengt als für die Wesen auf der Probebühne: Anstelle immer neuer Varianten von Unanschaulichem hat er sich ausschließlich solche von Anmut und Grazie ausgedacht. Und bei all seiner Verschiedenheit von allen übrigen Lebewesen ist jeder Engel dermaßen vollendet, dass es nichts gibt, was sich an ihm verbessern ließe. Die Ähnlichkeit mit dem früheren Menschen bleibt aber trotzdem erhalten: Bei ihrer späteren Ankunft werden ihn Freunde und Verwandte spielerisch als den identifizieren, den sie zu Grabe trugen. Und auch er selbst ist sich nicht fremd: Beim Blick in den Ewigen Spiegel fragt er sich lediglich, warum er sich neuerdings so faszinierend findet. Diese Ewige Ruhe macht eben doch etwas aus! Wer im irdischen Fernsehen von Zeit zu Zeit eine Wahl zu Miss oder Mister Universum verfolgt, kann sich also ungefähr vorstellen, wie es im Jenseits in dieser Beziehung zu- und hergeht. Wundert man sich nicht immer wieder, wie die Juroren angesichts dieser Anhäufung menschlicher Vollkommenheit überhaupt noch zu einem Urteil finden? Im Paradies wäre die Lage noch hoffnungsloser: Nicht einmal der Sachverständige könnte hier entscheiden, welches der vorgeführten Wesen das schönste ist. Er wäre von jedem von uns entzückt, und zwar von jedem auf andere Weise: Kein Engel wäre wie der andere, und dennoch wäre jeder *überirdisch* schön.

Und hier noch ein Nachtrag für jene, die sich fragen, weshalb man die gerechte Verteilung des allerhöchsten Gutes *Gesundheit* nicht erwähnt: In einem Ewigen Leben ist der Gesunde eine Selbstverständlichkeit. Wo man nicht sterben kann, wird logischerweise auch die todbringende Krankheit überflüssig.

Doch auch Gebrechen, die nicht zum Tode führen (jenes unbegreifliche *l'art pour l'art* des Schöpfers), könnte es in einer gerechten Welt nicht geben. Wenn jede Krankheit Leiden und jedes Leiden Hölle ist, so ist zum Beispiel ein Himmel mit Geistesgestörten undenkbar.

Jeder Engel ist gut

Und wie steht es – nach allen diesen Oberflächlichkeiten – mit den sogenannt tieferen Werten des Engels? Dürfen wir hoffen, dass sein äußerer Liebreiz einem inneren entspricht und sein überirdischer Charakter edler ist als der des irdischen Wesens, das wir kannten? Aber selbstverständlich! Denn woher kam denn beim Menschen das sogenannte Böse? Es kam von Neid, Hass, Habgier, Krankheit (psychischer Gestörtheit), Todesangst (Religiosität) und Dummheit. Und was bliebe von alledem in einem paradiesischen Jenseits übrig?

Neid und *Hass* hatten ihre Ursache in der ungerechten Verteilung von materiellen Gütern und physischen Vorzügen. Beide Motive wären im Ewigen Leben nicht mehr vorhanden.

Unsere *Habgier* hatte ihren Beginn in der permanenten irdischen Versorgungskrise. Man lebte in ständiger Angst vor Verhungern und Erfrieren und gierte daher nach Vorräten, die auch noch für Kinder und Kindeskinder reichten. Im Himmel wäre keiner gezwungen, seinem Nachbarn etwas abzujagen – es gäbe von allem genug für alle. Wo es keine *Krankheit* gibt, gibt es auch keine Geistesgestörten: Ein Wesen, das ein anderes aus Wahnsinn oder Sadismus quält, ist in einem Paradies undenkbar.

Unsere *Todesangst* war das Motiv für unseren Überlebenshunger, dieser der Grund für unseren Beitritt zu einer ganz bestimmten Kirche. Wenn nun deren Wahrheit durch eine zweite in Frage gestellt wurde, war auch unser Weiterleben in Frage gestellt, und dagegen wehrten wir uns durch Verfolgung, Unterdrückung und Vernichtung Andersgläubiger. Doch stets blieb die Bindung an diese Kirche rein geschäftlich: Gehorsam auf Erden gegen Weiterleben im Himmel, lautete der Vertrag. Und genau da sind wir nun aus den diversen konfessionellen Richtungen angekommen: Wir steigen aus und lassen die Vehikel stehen. Die persönliche Anwesenheit Gottes gibt dem Wettstreit der Konfessionen noch den Rest: Man *weiß* jetzt, dass es ihn gibt, und muss nicht länger auf diese oder jene alleinseligmachende Art an ihn *glauben*. Das erledigt auch jede religiöse Diskussion. Keiner könnte sich in einem Paradies darüber streiten, ob Jesus Christus nun wirklich Gottes Sohn oder nur ein besonders verehrungswerter Bluffer war: Man würde den Herrn einfach fragen, ob er die Vaterschaft anerkennt.

Dummheit war auf Erden die zuverlässigste Quelle zwischenmenschlicher Grausamkeiten. Dennoch hatten wir an der irdischen Intelligenzverteilung kaum etwas auszusetzen: Abgesehen von gelegentlichen Anfällen von Selbstzweifeln, gibt es wohl keinen Menschen, der sich wirklich für beschränkt hält.

Unser Herrgott wüsste es jedoch besser: Ohne dass wir es merkten, hat er uns allen für unser zweites Leben nicht nur *mehr*, sondern auch *gleich viel Intelligenz* geschenkt. Was beileibe nicht heißt, dass wir nun alle auch gleich viel wissen: Das Ewige Leben ist lang, und er möchte uns ja nicht die Freude am zweiten Bildungsweg nehmen. Nein, im Jenseits wird man unter Intelligenz nicht länger die Summe von Wissen und Erfahrung verstehen – von beidem hatte ja sogar auf Erden der Computer mehr als wir. Hier ist Intelligenz definiert als das *Maß an Phantasie und Sensibilität*, über das eine bestimmte Engelsperson verfügt. Und dank Gottes Gerechtigkeit sind wir nun auch in diesem Punkte alle gleichgestellt. Die logische Folge ist ein hohes Niveau an überirdischer Ethik. Nur phantasielose und unsensible Wesen können ja wirklich grausam zueinander sein – wer Vorstellungsvermögen und Mitgefühl besitzt, wird einen anderen nicht sinnlos leiden lassen. Mit unserer irdischen Dummheit ist also auch unsere irdische Brutalität verschwunden. *Jeder Engel ist schrecklich*, heißt es bei Rilke, dem Meister. Schrecklich schön, schrecklich gut? Wir sind nun jedenfalls beides.

Der Ewige Lebenssinn

Doch wo liegt nun die Bedeutung dieses Engeldaseins? Abgesehen vom eigenen, ganz egoistischen Überdauern: *Wozu* sind wir auf dieser Ewigen Welt, welchen *Sinn* könnte dieses zweite Leben haben? Schon während des ersten sind wir ja ohne einen solchen nicht lange ausgekommen. Sobald das Materielle einigermaßen gesichert war und wir nicht mehr hungern und frieren mussten, wollten wir wissen, *warum* wir da sind. Stets wollten wir *mehr* sein als dieser Fleischkloß, der arbeitet, um zu essen. Wir wollten *nützlich* sein und waren unglücklich, wenn da nicht jemand war, der unsere Dienste *brauchte*. Man könnte dies die menschliche *Lust an der Unfreiheit*[6] nennen: Ohne „Aufgabe" machte uns unser Leben Angst.

Wer die seine gefunden hatte, musste es deshalb sofort verkünden: Jeder sollte wissen, dass es, zumindest für ihn, einen Grund zum Leben gab. Wenn er diesen wieder verlor, verfiel er in Depressionen und klagte, dass er nur noch vegetiere. Immer häufiger spiele er mit dem Gedanken, mit diesem „sinnlosen Dasein" Schluss zu machen.

Und welche waren auf Erden die über die eigene Existenz hinausgehenden Ziele? Wo lagen in unserem zeitlich begrenzten Leben die Werte, die wir „ewig" zu nennen pflegten – für welche „Ideale" setzten wir uns ein? Nach Gruppen gesehen, kämpften wir wohl hauptsächlich für das Folgende:

mehr Gleichheit

mehr Freiheit

mehr Fortschritt

das Wohlergehen von Armen und Kranken

das Wohlergehen des Partners

das Wohlergehen der Kinder

das Recht auf Arbeit

das Recht auf Freizeit

---

6 Vilar, Esther: Die Lust an der Unfreiheit, München 1971

Vom ersten Punkt auf diesem Programm sprachen wir im Kapitel über die Ewigen Äußerlichkeiten. Wer im Erdenleben seinen Sinn im Kampf um eine Gesellschaft fand, in der keinem aufgrund seines Geschlechts, seines Alters oder seiner Hautfarbe ein Nachteil entstehen kann, wird diesen im Himmel verlieren. Wir haben gesehen, wie souverän der Herr gerade diesen Komplex für sein Ewiges Leben gelöst hat: Feministische und maskulinistische Organisationen, Jugend- und Altenschutzverbände, Kampfgruppen gegen rassistische Diskriminierung sind nun überflüssig.

Und wie steht es mit den übrigen Idealen auf unserer Liste? Welches konnte seinen Sinn in unser Paradies hinüberretten?

Endlich frei!

Könnte es in Gegenwart eines Allmächtigen Freiheit geben? Bleibt uns in Gottes Paradies nicht wenigstens der Kampf um diese Lebensqualität erhalten? Nicht wenn man Freiheit als *Freiheit von Zwängen* definiert: In einer freien Gesellschaft ist keiner dem Willen und der Willkür eines anderen ausgeliefert – solange er niemandem schadet, kann er tun und lassen, was er will.

Und woraus entstanden auf Erden solche Zwänge? Letzten Endes doch aus der Gewissheit, dass man sterben musste, und aus den Ängsten, die daraus entstanden:

> Weil man überleben wollte (und es von allem zuwenig gab), unterwarf man sich denen, die über das tägliche Brot verfügten.
>
> Weil man überleben wollte, beugte man sich denen, die die Waffen besaßen.
>
> Weil man überleben wollte, gehorchte man denen, die einem ein Leben nach dem Tod versprachen.

Und dieses Versprechen hielten sie dann auch ein – denn nun sind wir ja hier und *können* nicht mehr sterben. Und mit der Angst vor dem Tod verschwindet logischerweise auch der Grund zur Unterwerfung:

Wo man nicht verhungern kann, muss man auch keinem Brotgeber mehr folgen.

Wo man nicht verbluten kann, muss man auch keinen Bewaffneten mehr fürchten.

Wo man unsterblich ist, muss man auch keiner Kirche mehr gehorchen.

Der Kampf um die Freiheit, der dem Erdenleben so vieler Menschen einen über das bloße Existieren hinausgehenden Sinn verleiht, kommt also für die Ewigkeit nicht in Betracht. Als Engel kann man machen, was man will, und wird – da man ja gut ist – dennoch niemandem Böses tun. Und die himmlischen Heerscharen als Ganzes – gäbe es jemand oder etwas, gegen den oder das sie aufbegehren könnten? Gegen einen Satan, der nicht existiert? Gegen einen Gott, von dem ihnen nichts als Gerechtigkeit und Güte widerfahrt?

Nein, ob wir es nun wollen oder nicht – *wir sind frei*. Und wenn dieser Ewige sein Wort hält, sind wir's *für immer*.

Ein Paradies ist perfekt

Und was ist mit dem Kampf um den Fortschritt, in dem auf Erden so viele von uns ihren Lebenssinn finden konnten? Ließe sich in einer perfekten Welt für eine noch perfektere auf die Barrikaden gehen? Für den Fortschritt kämpfen heißt, dass man das Jetzige als rückständig empfindet. Doch dieses ist in einem Paradies ja nicht der Fall. Entwicklung ist nur möglich, wo es etwas zu verbessern gibt. Was könnte man an einem System verbessern, das einem jeden Wunsch erfüllt? Was ließe sich für ein solches Reich befriedigter Bedürfnisse noch *erfinden*? Welches neue Medikament ist nötig, wo keine Krankheit existiert? Nach welchem Jugendelixier würde man forschen, wo niemand altert? Was gäbe es für den Genetiker an perfekten Geschöpfen zu verbessern? Welche revolutionäre Abwehrwaffe brauchte man für eine Welt, die keinen Aggressor kennt? Und auch das mit dem sozialen Fortschritt hat sich ja erledigt: Für den Kampf gegen die Ungerechtigkeit brauchte man zuerst einmal den Ungerechten, für den gegen die Korruption den Korrupten, für den gegen das Verbrechen den Verbrecher, für den ums Vaterland die Landesgrenze, für den um Glaubensfreiheit den Frommen von der Konkurrenz. Was bliebe hier also zum Beispiel für Mitglieder von Bürgerinitiativen noch zu tun? Vor welchem Ökogangster könnten einen die Leute von Greenpeace schützen? Gegen welchen Militaristen ginge ein Pazifist hier auf die Straße? Welches Wirtschaftsverbrechen hätte die Justiz rückhaltlos aufzuklären? Welchen korrupten Politiker brächte man hinter Schloss und Riegel? Man sieht es: Der Kampf um technischen, wirtschaftlichen, medizinischen oder sozialen Fortschritt, mit dem so viele ihrem zeitlichen Dasein eine über sie selbst hinausgehende Bedeutung verleihen, käme für ihr Ewiges nicht in Frage. Die Voraussetzung wäre ein Paradies mit tausend Fehlern und Pannen. Aber wie wir wissen, ist ein Paradies perfekt.

Die Ewige Nächstenliebe

Doch auch diejenigen unter uns, die im hiesigen Leben ihren Sinn darin fanden, sich für den notleidenden Nächsten aufzuopfern, hätten sich nach der Ankunft umzustellen. Denn was tut ein Albert Schweitzer in einem Himmel ohne Leprakranke? Womit beschäftigt sich eine Florence Nightingale in einem Jenseits ohne Lazarette? Über wen erbarmt sich eine Mutter Teresa in einem Orkus ohne Dritte Welt?

Denn natürlich braucht man ohne Hilflose auch keine Helfer mehr, ohne Kranke keine Samariter, ohne Milieugeschädigte keine Sozialarbeiter, ohne Alte keine Altenpfleger, ohne Hungernde keine Welthungerhilfe, ohne Obdachlose keine Spendensammler... Nicht einmal ein lumpiger Tierschutzverein wäre in diesem Hort der Gerechtigkeit noch denkbar. Denn dazu brauchte man dann ja zuerst einmal ein himmlisches Pharmaunternehmen, das überirdische Meerschweinchen seziert, den sadistischen Engel, der auferstandene Schimpansen quält, die Engelin mit den nerzverbrämten Schwingen. Nein, mit einem Herzen voller Nächstenliebe wäre im Reiche Christi kein Staat zu machen: Unter lauter Tugendhaften ist

Tugend nicht mehr möglich. Wir könnten unseren Mitengeln erzählen, wie gut wir einmal *waren* – um gut zu *sein*, brauchten wir in unserem Paradies die Hungernden, die Frierenden, die Kranken, die Alten und die Armen.

Die Ewige Liebe
(und das Problem der Familienzusammenführung)

Wenn die Nächstenliebe in einem Paradies auch noch so überflüssig wird – wenigstens die Liebe bliebe uns da drüben doch erhalten? Im Gegensatz zur Barmherzigkeit brauchen wir dazu ja keine Minderbemittelten, sondern Gleichgestellte, wenn auch vorzugsweise solche des anderen Geschlechts. Und diese sind heerscharenweise vorhanden: Engel und Engelinnen aus allen Teilen und Geschichtsperioden unseres ehemaligen Planeten, einer so atemberaubend wie der andere –wir selbst so attraktiv wie nie zuvor! Kann es da noch ein Problem sein, der Ewigen Liebe zu begegnen?

Und wäre dies nicht ein Sinn, der uns den Wegfall der übrigen Sinngebungsmöglichkeiten verschmerzen ließe? Befreit von der Notwendigkeit jedes anderen Kampfes, könnten wir uns völlig auf den um die Zuneigung des erwählten himmlischen Wesens konzentrieren. Und im Falle eines Erhörtwerdens hieße es dann nicht mehr „bis dass der Tod euch scheidet“: Hier blieben wir mit dem oder der Geliebten „bis in alle Ewigkeit“ vereint. Getraut vor dem Altar unseres Schöpfers, gesegnet von seiner Hand!

Moment... Haben wir da nicht eine Kleinigkeit vergessen? Wir sind bereits verheiratet, genau! Direkt hinter der Pforte dieses Paradieses haben uns die teuren Verblichenen in die Arme geschlossen. Oder falls wir die waren, die den Hafen der Ehe als erste verließen, haben nun wir mit der Geduld des Engels auf die Ankunft von Witwer und Witwe zu warten. Und wenn der Ewige hier ausnahmsweise den Moralbegriff unseres Pastors teilen sollte, warten wir *in Treue*. Was mit denen geschieht, die während ihres Wandelns auf Erden zweimal einen Angetrauten zu Grabe tragen, mögen wir gar nicht erst zu Ende denken: Ein Engel als Bigamist?

Mit anderen Worten: Das Vergnügen der Suche nach der überirdischen Leidenschaft wäre ein Privileg jener Minderheit, die den Heimatplaneten mit dem Vermerk „ledig“ oder „geschieden“ verließ. Nur sie dürfte nach der Ankunft zu flirten beginnen und sich nach der Begegnung mit dem Engel ihres (Ewigen) Lebens reinen Herzens an dessen Eroberung wagen. Doch da die Auswahl groß ist und die Zeit lang, wäre so eines schönen Jahres oder Jahrhunderts auch der hartnäckigste Single unter der Haube. Und zwar für immer, ewig und in Treue: Denn wer könnte direkt unter dem Auge Gottes einen Seitensprung riskieren?

Ein zu hartes Schicksal, das sieht jeder. Vor allem für eine Örtlichkeit, die sich als Paradies bezeichnet. Die große Liebe – wie lange dauerte sie denn auf Erden? Bestenfalls ein paar Jahre, nicht wahr? Wenn man den Meinungsumfragen glauben darf, würde die Hälfte der Verheirateten bereits nach zehnjähriger Ehe ihren Partner nicht noch einmal wählen. Man stelle sich das Ergebnis nach tausendjähriger Ehe vor – und dies wäre ja erst der Anfang der Ewigkeit.

Nach ein paar Jahren der Leidenschaft blieb das irdische Paar in der Regel nur noch beieinander, weil es für den unterdessen gezeugten Nachwuchs und für die Erhaltung des Nests zu sorgen hatte. Oder weil ihm seine alleinseligmachende Kirche mit dem Entzug des Ewigen Lebens drohte. Jedenfalls war das Einhalten des Schwurs „bis dass der Tod uns scheidet“ mehr der Angst vor dem Ereignis selbst zu verdanken *(dem Tod)* als dem Gefühl, das ihn seinerzeit ausgelöst hatte *(der Liebe)*. Und auf einer solchen Grundlage sollte man sein Ewiges Glück aufbauen? Verzichten wir also bei der Gestaltung unseres überirdischen Liebeslebens auf jede irdische Scheinheiligkeit und nennen wir das Problem beim Namen: Nicht wenige von uns möchten ihrem Partner im Himmel wohl von Zeit zu Zeit begegnen (schon um das Betragen der Nachkommen zu bereden, das ja ansonsten niemanden interessiert), doch keiner möchte weiterhin durch einen Exklusivvertrag an diesen gebunden sein. Auch wenn er nun schön und aufregend ist wie nie zuvor: Wie lange bleibt ein Schöner schön, wo es keine Hässlichen gibt? Auch wenn man selbst zur Treue fest entschlossen wäre: Wie treu bleibt einer, der die Wahl hat?

Kurz und gut: Wir stellen an Gott den Herrn einen Antrag auf Ungültigkeitserklärung der auf Erden geschlossenen Verträge. Mit Ankunft in seinem Reich ist jede eventuelle Ehe automatisch aufgehoben, eine Möglichkeit zur Wiederverheiratung nicht gegeben. Denn eine Weisheit haben wir von der Erde mitgebracht: Gefühle sind vergänglich, die Ewige Liebe gibt es nicht. In seinem Himmel möchten wir endlich leben, mit wem wir wollen und stets nur, solange es Freude macht.

Und falls der Herr zögert, untermauern wir die Sache vom Moralischen her. Die Eheschließung sei ein Akt der Habgier, führen wir aus, das Treueverlangen ein Ausdruck von Geiz: Man überschreibt eine attraktive Person auf den eigenen Namen und deponiert ihr auch von anderen begehrtes Fleisch auf ein Konto, von dem man nur selbst etwas abheben kann. Ein gütiges Wesen hingegen (ein Engel!) würde den geliebten Astralleib mit jedem teilen, den ebenfalls nach ihm dürstet: Der Privatbesitz an Reproduktionsmitteln erschiene ihm so abwegig wie ein Guthaben beim *Banco di Spirito Santo*. Und auch seine Engelin sähe es nicht anders: In einem Reich der Barmherzigkeit wäre eine anständige Frau eine, die sich nicht verweigert. Und liefe die im Himmel geschlossene Ehe nicht letztlich auf eine Beleidigung des Schöpfers selbst hinaus? Geben wir ihm mit unserer Entscheidung für einen gewissen Engel nicht überdeutlich zu verstehen, dass ihm, zumindest nach unserer Meinung, unter seinen Milliarden himmlischer Kreaturen nur diese eine wirklich gelungen ist (und dass man ihm auch nicht zutraut, dass je etwas Besseres kommt)? Da hat er sich solche Mühe gegeben, uns alle gleich attraktiv zu machen – und wie lohnen wir's ihm? Mit der Treue zu einem Bestimmten! Promiskuität wäre die respektvollere Antwort auf sein paradiesisches Angebot, das sieht er doch ein?

Und da der Herr gnädig ist und ein Paradies der Ort, wo Wünsche in Erfüllung gehen, wird auch diesem Antrag stattgegeben: Im

Himmel ist die Ehe abgeschafft. Doch auch der ganz großen Liebe wird der Engel nach bestem Wissen aus dem Wege gehen. Natürlich verliebt man sich auch im Jenseits – mit Maßen aber und stets darauf achtend, dass es nicht zum Schlimmsten kommt. Wie könnte man aber versucht sein, in einer Welt mit lauter vollendeten Kreaturen einer einzigen für immer den Vorzug zu geben? Man ist heute von dieser entzückt, morgen von jener. Und anders als bei irdischen Affären, wo man oft beide Augen zudrücken musste, um das der Sache zuträgliche Maß an Blindheit aufzubringen, ist man es hier *zu Recht*.

Und dabei keinerlei Eifersucht! Niemand verzehrt sich in Minderwertigkeitsgefühlen, wenn der Engel seiner Wahl schneller genug hat als er selbst. Man weiß, dass man genauso begehrenswert ist wie jeder andere hier oben und dass es in dieser Ewigkeit noch Milliarden himmlischer Wesen für einen gibt.

Mit der großen, einzigen Liebe ist es im Himmel also vorbei. Man findet sich, ohne vor Glück den Verstand zu verlieren, man trennt sich, ohne zu leiden. Doch zumindest von letzterem hatten wir ja auf Erden stets geträumt!

Würden Engel Engel machen?

Und wie wäre es mit dem himmlischen Kind? Würden die Engel sich vermehren? Man denke nun einmal nicht gleich an das Problem der Überbevölkerung: Dies ist ein Paradies – falls sich ein solches Problem ergäbe, könnte man es lösen: Die Frage hat zu lauten, ob der Durchschnittsengel (den überdurchschnittlichen dürfte es ohnehin nicht geben) sich Kinder *wünschte*: Würde es der Engelin Freude machen, einem kleinen Engel das (Ewige) Leben zu schenken? Auf Erden war dies immerhin die populärste Art, seinem Leben einen Sinn zu verleihen. Wer sich zu einem Kind entschloss, brauchte sich zumindest während der nächsten achtzehn Jahre nicht mehr zu fragen, *wofür* er am Leben sei: Er hatte für ein Kind zu sorgen, und damit basta. Doch außer dieser zu hundert Prozent zuverlässigsten Sinngebungspolitik, die in einem Paradies natürlich hinfällig wäre (wenn es hier Kinder gäbe, würde der liebe

Gott auch für sie sorgen), brachte der leibliche Nachkomme weitere Vorteile für seine Eltern: Falls es anders wäre, würde ja zumindest in Ländern mit funktionierender Geburtenkontrolle längst niemand mehr geboren.

- Das *irdische Kind* war *ein Garant für überirdisches Leben*: Aus machtpolitischen Gründen wünschen alle Kirchen und Sekten, dass ihre Anhänger sich vermehren. Viele drohen bei Schwangerschaftsabbruch mit Ausschluss und Höllenqualen.
  Kein Zeugungsgrund für ein *himmlisches Kind*: Nun *sind* wir ja im überirdischen Bereich.
- Das *irdische Kind* war die *zweite Säule unserer Unsterblichkeit*: Falls unser Überlebensversicherer sich geirrt hätte und wir dann vielleicht doch verschwänden, bliebe wenigsten etwas von uns zurück. Noch in hundert Jahren wäre anhand vergilbter Fotos festzustellen, dass ein bestimmtes Neugeborenes sein Muttermal vom Urgroßvater hat. Zumindest von Zeit zu Zeit würde also jemand an uns denken.
  Kein Zeugungsgrund für ein *himmlisches Kind*: Der Engel *ist* unsterblich.
- Das *irdische Kind* war die *zweite Säule unserer Altersversicherung*: Falls unsere Rentenanstalten bankrott gingen, würde (so wir in seiner Kinderzeit lieb zu ihm waren und die richtige Art von Gewissen in ihm züchteten) noch immer der Nachkomme für uns sorgen.
  Kein Zeugungsgrund für ein *himmlisches Kind*: Ein Engel wird erstens nicht gebrechlich und ist zweitens ohnehin für immer versorgt.
- Das *irdische Kind* war ein *Symbol unserer Liebe* zu einem anderen irdischen Wesen: Jeder konnte sehen, dass wir liebten, jeder erkennen, dass wir wiedergeliebt wurden: Hätte man sonst ein Kind von uns gewollt?
  Kein Zeugungsgrund für das *himmlische Kind*: Wer keinen Wert auf die große Liebe legt, legt auch keinen auf deren Symbol.

- Das *irdische Kind* war die *Geisel*, mit deren Hilfe wir den irdischen Geliebten auch nach Abklingen seiner Leidenschaft bei uns halten konnten.
  Kein Zeugungsgrund für das *himmlische Kind*: Welcher Engel möchte einen anderen gegen dessen Willen um sich haben?
- Das *irdische Kind* war schön und unschuldig, konnte somit zugleich unsere *Sehnsucht nach Ästhetik* und unser *Verlangen nach Ethik* befriedigen.
  Kein Zeugungsgrund für das *himmlische Kind*: Wo der Engel lebt, sind alle schön und gut.
- *Das irdische Kind* hatte *Unterhaltungswert*: Nichts ist für Eltern amüsanter, als von den Streichen ihrer Nachkommen zu erzählen.
  Kein Zeugungsgrund für das *himmlische Kind:* Der Engel ist zu sensibel, um sich ein anderes Lebewesen als Spielzeug zu halten. Zudem weiß er, dass Geräusche, die ihn entzücken, für seinen himmlischen Nachbarn wie Kinderlärm klingen.

Mit anderen Worten: Engel bekommen keine Engel – sie sehen darin keinen *Sinn*. Und auch der Schöpfer findet sein Paradies ohne herumtobende Heerscharen angenehmer. Außerdem würde das himmlische Kind sein Prinzip von Freiheit und Gleichheit in Frage stellen. Der überirdische Säugling würde ja nolens volens die überirdische Zweiklassengesellschaft bringen: hier der kleine Engel, der sich füttern lässt, dort der große, der bestimmt, was er kriegt. Daran gemessen, wären Ewige Ruhestörung und himmlische Verkehrsbelastung Bagatellen.

Arbeiter- oder Freizeitparadies?

Natürlich hätte man auch in einem Paradies ein Recht auf Arbeit. Wer wollte, könnte sich bis zur Erschöpfung verausgaben – lediglich zu Tode arbeiten könnte er sich nicht mehr. Warum aber sollte das einer wollen? Aus welchen Gründen hatte man denn auf Erden einen Beruf? Die Armen arbeiteten wegen des Geldes, und von den Reichen arbeiteten die einen ebenfalls wegen des Geldes und die anderen, um sich – trotz ihres Geldes – nicht wertlos zu fühlen: wegen der „Aufgabe“ also, wegen des Lebenssinns.

Beide Motive entfallen im Ewigen Leben: Ein Bankkonto ist nicht mehr vonnöten, alles bekommt man entweder umsonst oder – falls wir dies aus sentimentalen Gründen vorziehen sollten – gegen Scheingeld. Und auch das mit der „Aufgabe“ hat sich erledigt: Wie wir sahen, kann man in einer perfekten Welt weder für das Gute noch gegen das Böse kämpfen. Und wer wollte noch arbeiten, wenn es dermaßen unsinnig wäre?

Das heißt natürlich nicht, dass es in einem Paradies keine Arbeit mehr *gäbe*. Zum Beispiel würde der Engel ja essen wollen, und zwar nicht zu schlecht. Er hätte gerne ein Haus mit sauber geputzten Fenstern und ordentlich gewienerten Böden, darum herum vielleicht einen Garten mit gepflegten Blumenbeeten und gemähten Rasenflächen. Und woher sollten all die Konsum- und Luxusgüter dieses himmlischen Lebens kommen, wenn nicht aus überirdischen Fabriken? Könnte jedoch der Allmächtige den Gästen seiner himmlischen Herberge solch niedere Tätigkeiten wirklich zumuten? Hatten diese sich ihr Paradies so erträumt: der eine Engel am Fließband, der andere bei der Müllabfuhr, die eine Engelin beim Kartoffelschälen, die andere als Toilettenfrau? Und dies alles nicht einmal mehr „für Gottes Lohn“, denn den hat man ja nun erhalten? Wir können natürlich nicht sagen, wie der Herr dieses Dilemma im Detail bewältigt hat, und wollen uns auch nicht seinen Kopf zerbrechen. Aber eines weiß er wohl so gut wie wir: Sobald die eine Engelin eine andere bei sich als Putzhilfe engagierte, hätte die erste Schuld- und die zweite Minderwertigkeitsgefühle, was automatisch einer Herabsetzung der überirdischen Lebensqualität entspräche. Falls er jedoch die Engel turnusweise zum Saubermachen antreten ließe, würde dies eine Einschränkung ihrer himmlischen Freiheit bedingen. Natürlich könnte ein Engel für sich privat machen, was immer er wünschte: Kochen, Staubsaugen, Toilettenputzen. Für alles Übrige dürfte die Antwort der supereffiziente Ewige Roboter sein: Alles was uns nach irdischen Maßstäben (nur auf diese kommt es ja im Augenblick an) als unwürdig oder langweilig erscheint, würden dort ausgeklügelte Maschinen für uns erledigen. Doch lassen wir uns ruhig ein wenig überraschen. Wie immer es auch kommt – es ist ausgeschlossen, dass der Allmächtige uns an die Ewigen Fließbänder stellt.

Und was wird aus denjenigen unter uns, die – selbst um den Preis der Lächerlichkeit – auf der irdischen Tätigkeit *bestehen*? So möchte vielleicht ein früherer Berufssoldat auch im Jenseits mit einer Truppe exerzieren, ein ehemaliger Arzt mit wehendem Kittel einen Krankensaal durchschreiten, obwohl jeder weiß, dass es in dieser schönen neuen Welt weder Feinde noch Patienten gibt? Vielleicht sehnt sich sogar der eine oder andere Bauarbeiter so intensiv in die schweißtreibende Tätigkeit zurück, dass er nach ihr *verlangt*?

Ein brauchbarer Ausweg wäre hier vielleicht das *Arbeitsspiel*, an dem neben dem Arbeitssüchtigen eine unbestimmte Anzahl spielfreudiger Mitengel beteiligt wäre. Im Fall des Militaristen würden diese sich zum Beispiel freiwillig in Rekrutenuniformen werfen, in dem des Arztes würden sie sich krank stellen und diesen raten lassen, was ihnen fehlt. Für süchtige Bauarbeiter ließe sich die kreisrunde Straße denken: Der eine himmlische Trupp wäre damit beschäftigt, sie anzulegen, der zweite reißt sie wieder auf. So gäbe es tausend Möglichkeiten, auf die Berufswünsche eines Engels einzugehen. Denn in einem Paradies dürfte es weder einen Zwang zur Arbeit noch einen zum Nichtstun geben. Wer wollte, könnte das gleiche machen wie auf Erden. Nur hätte es eben keinen Sinn.

Kierkegaards Hölle

Einen Teil unserer perfekten Welt haben wir also nach bestem Können durchstöbert und dabei festgestellt, dass dort, wo es für alle genug von allem gibt und garantiert keiner mehr sterben kann, jede Tat automatisch ihren Sinn verliert. Denn im Gegensatz zu unserer zeitlichen Welt, wo wir uns zumindest manchmal einbilden durften, dass uns die anderen brauchen, wird in unserer Ewigen jede Handlung, die nicht den eigenen Genuss zum Ziele hat, absolut überflüssig. Im Reiche Gottes – diesem Hort der Gerechtigkeit, des Friedens und der Freiheit, um den wir auf Erden so flehentlich gebetet haben – weiß keiner, warum und wozu er lebt. Seine einzige Ewige Aufgabe wäre tatsächlich die Verarbeitung dieser Ewigen Erkenntnis: dass sein Ewiges Leben *sinnlos* ist. Der Philosoph Kierkegaard hat dieser Problematik – der des Lebenssinns – einen guten Teil seiner Arbeit gewidmet. Hier sein Schluss: „Der entsetzlichste Sinn ist für mich nicht so entsetzlich wie die Sinnlosigkeit." Was uns als Himmel erscheint, war diesem Denker also die schrecklichste aller Höllen. Das Leben auf Erden ist seiner Vorstellung von einem Paradies zweifellos näher gekommen.

Wie aber könnte der Barmherzige auch Engel von Kierkegaards Ansprüchen zufriedenstellen? Er hat uns von dem Übel erlöst, dank seiner verzeihenden Gnade gingen unsere Gebete tausendfach in Erfüllung: Wie könnte er uns in diesem perfekten Leben, das er für uns erschuf, auch noch zu einem *Sinn* verhelfen? Keinem gespielten, wie etwa bei der Arbeitsplatzbeschaffung, sondern einem *realen*? Soll er sein mit Grauen und Leiden gespicktes Erdmodell (das einige offenbar gar nicht so übel fanden) in seinen Himmel übernehmen und sein Gesetz der Unsterblichkeit für den einen Engel aufheben, damit das des anderen wieder ein wenig an Bedeutung gewinnt? Soll er einen kleinen Krieg anzetteln, damit die Mahatma Gandhis unter uns Engeln etwas zu protestieren bekommen, eine kleine Hungersnot starten, damit die Bob Geldofs Spenden sammeln können, ein kleines Kalkutta schaffen, damit den Müttern Teresa wieder ein paar Waisenkinder zur Verfügung stehen – und zwar *echte*?

Ein Absurdum, nicht wahr? Und was geschähe, wenn das Los des Sterblichseins gar uns selber träfe? Wäre das nicht so etwas wie ein Wahlbetrug des Herrn? Denn wir sind seinem Sohn ja nicht wegen der Bergpredigt gefolgt (gut sein konnten wir auch im Alleingang), sondern weil er in seinen Reden ganz deutlich sagte, er sei „die Auferstehung und das Leben".

Wir sitzen also ganz schön in der Falle. Denn wie könnten wir uns wehren? Ein Ewiges Leben ist nun einmal ein Ewiges Leben – um zu sterben, wurden wir ja nicht fromm.

Ewige Ruhe oder Ewiges Vergnügen?

Regen wir uns nicht auf. Zunächst sind wir ja ganz mit den Genüssen beschäftigt, die uns hier oben erwarten. Und wer weiß, ob diese Art Leben letztlich nicht auch unsere Ethik verändert? Wenn Karl Marx recht hat und das Sein das Bewusstsein bestimmt, werden wir nach einigen Jahren oder Jahrhunderten dieser paradiesischen Existenz vielleicht gar nicht mehr fragen, *wozu* wir leben – vielleicht genügt es uns, *dass* wir am Leben sind? Und damit hätte das Paradies ja seinen Zweck erfüllt. Gehen wir also einen Schritt weiter – stellen wir Fragen nach den Einzelheiten der *hedonistischen* Seite unserer Ewigen Existenz. Nicht ohne kurz die Ausgangslage zu rekapitulieren: Wir sind jung, gesund, schön, gescheit und genau so wohlhabend wie jeder andere. Wir müssen keinerlei Verantwortung tragen und verfügen frei über unsere Zeit – eine Zeit, von der wir wissen, dass sie niemals zu Ende geht.

Wie sieht nun bei der Gestaltung dieses neuen Luxuslebens unsere Rangordnung aus? Auf welche der vielen Genüsse stürzen wir uns als erstes, welche lassen wir für später, worauf verzichten wir ganz? Vermutlich würde es für die meisten zunächst einmal gar keine Rangordnung geben. Man würde in die himmlischen Kaufhäuser laufen und all das holen, was man auf Erden am meisten entbehrte oder am sehnlichsten wünschte – und dies wäre wohl für jeden etwas anderes. Zudem würde man sich neu einkleiden. Alles wäre ja zu haben, und für alles hätte man Geld: Herren- und Damengarderobe aus sämtlichen Kulturen und Epochen unseres früheren Planeten, dazu das feinste Schuhwerk, die herrlichsten Accessoires, die erlesensten Kosmetikprodukte...

Es gälte auch die Ewige Herberge zu wählen (vom Großstadtloft bis zum Bauernhof stünde alles zur Verfügung), die Ewige Wohnungseinrichtung auszusuchen, die Blumen und Sträucher für den Ewigen Garten, die himmlischen Gartenmöbel, das überirdische Haustier...

Nein, Sie haben sich nicht verlesen: Auch Tiere kommen in den Himmel. Wie könnte es anders sein – da wir es ja *wünschen*? Natürlich wird die Ewige Katze keine Ewigen Vögel jagen, der Ewige Hund keinen Engel beißen, die Ewige Biene wird Honig sammeln, aber nicht stechen, der Ewige Bazillus keine Krankheit machen. Ob wir mit den Tieren reden können? Aber nein, wer wünscht sich denn so was Blödes: Der Engel ist intelligent!

Und dazwischen wird man sich selbstverständlich auch immer wieder in die Lüfte schwingen und sich vergewissern, dass dies alles kein Traum ist. Man ist wirklich drüben, und Fliegen ist noch viel schöner als Autofahren!

Sehr bald wird man sich die erste größere Reise gönnen. Wohin? In Richtung Erde natürlich: Man will doch sehen, wie es den Hinterbliebenen geht, ob sie noch trauern oder bereits um die Erbschaft streiten. An seinem Grab zählt man die Kränze, sieht nach, von wem sie kommen und was auf der Schleife steht. Und vorausgesetzt, man kann sich bei solcher Gelegenheit wirklich unsichtbar machen, nimmt man vielleicht auch an einer spiritistischen Sitzung teil: „Ich lebe“, signalisiert man seinem Witwer, „das Paradies gibt es wirklich, und es ist noch viel schöner, als du glaubst!... Wie? Aber natürlich sind alle da: Gott, Jesus, Maria und Josef... Wer? Nein, den Heiligen Geist habe ich nicht gesehen!“

Aber auch im Ewigen Leben kehrt irgendwann der Alltag ein. Man hat nun wirklich seine Ewige Ruhe, und dem einen oder anderen genügt das auch. Der Rest von uns wird beginnen, seine Genüsse mit etwas mehr Bedacht zu wählen: Das Angebot ist schlechthin überirdisch, und man kann ja nicht alles auf einmal machen. Man muss also aufpassen, dass es einem nicht ergeht wie Buridans Esel: Er verhungerte zwischen zwei Heuhaufen, weil er sich für keinen der beiden entscheiden konnte. Und in einem Paradies gilt es ja zwischen Hunderten von Verlockungen zu wählen: Es gibt, wie gesagt, alles, und alles ist auch erlaubt. Aber im Gegensatz zu dem unglückseligen Esel hat der Engel unbegrenzt Zeit: Selbst wenn er sich tausend Jahre lang nicht entscheiden kann, ist er noch immer nicht des Hungers gestorben.

Wie sieht nun aber unsere Rangordnung auf dem hedonistischen Sektor tatsächlich aus? Mit welchem überirdischen Vergnügen werden wir beginnen?

Das Sexualverhalten der Engel

Sobald die unmittelbaren Konsumbedürfnisse gestillt, der Ewige Wohnsitz gefunden und einigermaßen eingerichtet ist, steht wahrscheinlich für die meisten von uns der Ewige Liebesakt an oberster Stelle der überirdischen Vergnügungsliste. Zumindest unter den Neuangekommenen trifft man also aufgeschlossene Engel und Engelinnen in Hülle und Fülle. Dass es in einem Paradies keine frigiden Kreaturen gibt, versteht sich ohnehin von selbst.

Und erst die Orgasmen, die man im Ewigen Leben bekommt! Nicht jenen einen Ewigen, den sich so mancher irdische Sexfreak unter seiner überirdischen Glückseligkeit vorgestellt hat. Ein endloser Orgasmus wäre ja noch lange nicht identisch mit endlosem Glück – wäre doch ein Höhepunkt ohne zeitliche Begrenztheit kein Gefühlsgipfel mehr, sondern ein Plateau. Was macht die Herrlichkeit des begehrten Phänomens denn schließlich aus? Dass man ihm ausgeliefert ist wie einer fremden Macht, nicht wahr? Dass man es festhalten will und doch nicht kann, dass es die Zeit stillstehen lässt und trotzdem vorbeigeht – seine *Vergänglichkeit* letzten Endes.

Natürlich kann unsertwegen der himmlische Höhepunkt dann schon länger dauern als der auf Erden – fünf Minuten, zehn Minuten, eine halbe Stunde vielleicht sogar. Und auch der multiple Orgasmus ist im Ewigen Leben wohl an der Tagesordnung. Doch der endlose wäre ein Widerspruch in sich selbst und die Vernichtung des Glückes, für das er steht.

Auch an dieser Stelle könnte man wieder einwenden, solche Überlegungen seien verfrüht, weil in der überirdischen Welt vielleicht eine ganz andere Wertskala gelte – eine, die eventuell gerade den *endlosen* Orgasmus wünschenswert erscheinen lasse. Darauf lässt sich wiederum nur entgegnen, dass wir zumindest im Augenblick diese andere Wertskala noch nicht besitzen und daher genötigt sind, die Qualität unseres zweiten Lebens an der unseres ersten zu messen. Wenn wir uns auf dieses Paradies freuen sollen (und das wird ja verlangt), müssen wir zuerst einmal wissen, worum es sich dabei handelt. Daher weiter mit dem hausbackenen Ausmalen des Übersinnlichen... Am Anfang ist man natürlich gerade auf diesem Sektor unersättlich. Man bedenke nur, wie ausgehungert die meisten von uns nach drüben kommen: Die alten Männer waren meist während ihres letzten Erdenjahrzehnts impotent; die alten Frauen waren – gerade weil bei ihnen die biologische Einschränkung fehlte – wieder einmal doppelt benachteiligt.

Und einmal mehr aus eigenem Verschulden: Obwohl Frauen eine rund sieben Jahre höhere Lebenserwartung haben, nehmen sie sich im Durchschnitt um vier Jahre ältere Ehepartner. Dies war vielleicht weise in Zeiten, da nur der Mann die Familie ernährte – vier Dienstjahre mehr machten im Haushaltsbudget ja schon etwas aus. Für die moderne, berufstätige Frau ist dieses Auswahlverfahren nur noch selbstmörderisch. Ihrem Tod gehen so in der Regel zwei Jahrzehnte sexueller Enthaltsamkeit voraus: Zehn Jahre lang hatte sie einen mehr oder weniger müden Mann zur Seite, den sie dann auch noch zehn Jahre überlebte. Mit einer durchschnittlichen Abstinenz von zwanzig Jahren dauert die zweite Jungfernschaft einer Frau heute bereits um ein Drittel länger als ihre erste: Aber Gott sei Dank wartet das Ewige Sexualleben nun ja auch auf das schwache Geschlecht!

Und seien wir nun männlich oder weiblich – zunächst werden wir Neuen wohl unermüdlich von einem Engel zum nächsten flattern. Wir sind jung und begehrenswert, und da die anderen dies ebenfalls sind, ist jede neue Bekanntschaft zugleich eine neue Versuchung.

Und keiner der vielen, die einem ihre Gunst erweisen, ist beim Abschied wirklich verletzt. Denn so wie es keine unattraktive oder gar frigide Engelin gibt, gibt es auch keinen unerotischen oder impotenten Engel. Man sollte in diesem Zusammenhang vielleicht erwähnen, dass in einem Paradies selbstverständlich auch bei der Verteilung der Männlichkeit gerecht verfahren wird: Kein Engel muss seinen Nächsten auch nur um einen Millimeter beneiden. Und darum muss er sich dann auch nicht schuldbewusst fragen, ob seine Engelin des Augenblicks nun wohl aus diesem Grund auf einen anderen fliege. Und auch diese selbst empfindet natürlich keine Schuld – warum auch, tut sie doch jedermann Gutes! Zuweilen kommt sie auch wieder zurück, weil sie über all der Betriebsamkeit vergessen hat, wie es mit *ihm* gewesen ist. Nicht viel anders, sie dachte es ja!

Und natürlich wird man mit der Zeit immer waghalsiger. Alles, was man schon immer über Sex wissen wollte und nicht zu machen wagte – jetzt kommt es an die Reihe. Nach dem paarweise genossenen Vergnügen in den ausgefallensten Stellungen und mit exotischsten Raffinessen (auch Chinesen und Araber sind ja unter den Toten) kommt der Sex zu dritt, zu viert usw. Danach beginnt man mit der Erkundung der spezifisch überirdischen Möglichkeiten: Sex im Fliegen, Sex auf Wolken, Sex in Wolken, Sex im Zustand der Schwerelosigkeit, Sex im Zentrum des Orkans, Sex mit fallenden oder gefallenen Engeln...

Und all die Orgien, an die man sich auf Erden ja ebenfalls nicht traute! Die erste vielleicht aus Anlass des ersten Ewigen Geburtstags, die nächste zur Einweihung des neuen Bungalows am Strand, dann die zur Feier der Ankunft des einen oder anderen Jugendfreundes... Auch an das Gleichgeschlechtliche wagt man sich nun – man will sich doch vergewissern, dass man da auf Erden nichts versäumt hat! Alles ist möglich, und darum gibt es nichts, was ein neugieriger Engel nicht wenigstens einmal ausprobiert. Tabus könnte es in diesem Reiche der Freiheit ohnehin keine geben.

Am ausgelassensten geht es aber beim Eintreffen irdischer Sexsymbole zu: Brigitte Bardot, Cher, Madonna, Warren Beatty, Sylvester Stallone, Arnold Schwarzenegger – jeder kommt ja hier irgendwann einmal durch die Pforte. Nach der Laudatio auf die einschlägigen Verdienste der Zugereisten – die vielleicht vom unsterblichen Marquis de Sade oder dem überirdischen Henry Miller gehalten wird – kommt es zu einem orgiastischen Massengelage, das bis zu einer Woche dauern kann.

Freilich nehmen daran nur jüngere (d.h. neuere) Engel teil. Denn da es nichts, aber auch gar nichts gibt, was einem auf die Dauer nicht langweilig wird – nicht einmal die allerhimmlischste Art der Abwechslung –, wird einem auch das Sexuelle schließlich zu öde. Man hätte es nicht für möglich gehalten – aber nun geht es einem wie jenen, die schon länger im Himmel sind: Man beginnt das Interesse an der Sache zu verlieren.

Irgendwie ist dieses Vergnügen nicht das, was man von der Erde her in Erinnerung hat. Liegt es an der allzu paradiesischen Kontrazeption, die jede Gefahr und damit jeden Gedanken an die ursprüngliche Bestimmung dieser herrlichen Tätigkeit so perfekt in den Hintergrund drängt? Liegt es daran, dass die Eroberung einer Schönen sehr viel weniger Freude macht, wenn es keinen eifersüchtigen Nebenbuhler zu besiegen gibt? Dass ein Engel, den man keiner ausspannt, auch weniger aufregend ist und der Liebesakt ohne Liebe einem Besuch beim Gynäkologen gleicht? Jedenfalls tun wir es immer seltener und eigentlich nur noch, um uns zu versichern, dass wir dabei tatsächlich nichts versäumen. Und eines schönen Tages – beim einen Engel vielleicht schon nach zehn, beim andern erst nach hundert oder tausend Jahren – ist es endgültig vorbei. Das Interesse am himmlischen Koitus hat aufgehört, man kann keinen nackten Engel mehr sehen. Wir himmlischen Wesen sind so, wie unser Herr Pastor sie sich ohnehin vorgestellt hatte: keusch.

Die paradiesische Küche ist vegetarisch

Es gibt ja noch andere himmlische Genüsse. Vielleicht wendet man sich wieder mehr den Freuden der Tafel zu, die man wohl in den Zeiten sexueller Ausschweifung ein wenig vernachlässigt hat. Und dies verspricht nun wirklich ein Ewiges Vergnügen zu werden: Essen soviel man will – und hinterher nicht einmal ein verkorkster

Magen! Die kalorienreichsten Speisen, ohne auch nur ein Gramm zuzunehmen!

Und keine Köstlichkeit, die hier oben nicht zu bekommen wäre: Jede Frucht, jedes Gemüse, jede Salatsorte und jede Art Pilz, die wir von der Erde her kennen, sind auch auf den Märkten des Jenseits vorhanden. In den Feinkostläden warten Hunderte von Käsesorten, Teigwaren in allen Varianten, Eier jeglicher Art und Größe, Gewürze aus allen Teilen der früheren Welt. In den Bäckereien finden wir die ausgefallensten Brotsorten, die erlesensten Patisserien.

Und erst die Getränke! Französische Weine, spanischer Cognac, irischer Whiskey, russischer Wodka, deutsche Schnäpse... In den Weinläden des Herrn kriegt man alles!

Nur keinen Rausch?

Aber natürlich kann man sich betrinken! Sonst wäre das alles doch kein Vergnügen? Auch bei einer überirdischen Sauferei wird schwadroniert, und anschließend fliegt keiner ganz gerade nach Hause. Nur mit einem tödlichen Unfall müsste man nicht rechnen, und auch nicht mit einer Leberzirrhose...

Erzählen Sie weiter!

Was möchten Sie wissen?

Welcher Fisch, welches Fleisch?

Nichts von beidem natürlich.

Kein Fleisch? Kein Fisch?

Tut mir leid.

Aber das ist doch unmöglich! Was wäre denn das für ein Paradies? Man erwartet ja nicht, dass dort gebratene Tauben fliegen – aber das von den Lammkeulen steht doch sogar in der Heiligen Schrift! Dann die am Spieß rotierenden Kälber, die zarten Spanferkel, auf die man hoffte! Der *Canard au paradis*, *Saumon à la diable*, das *Ragout belzebub*?

Weder Fisch noch Fleisch – ich muss Sie enttäuschen.

Richtig. Und mit ein bisschen Nachdenken hätte man es voraussehen können: *Im Ewigen Leben isst man gut, aber vegetarisch.*

Nur auf Erden gibt es ja für den Fleischkonsum eine einigermaßen passable Rechtfertigung: Ohne die vielen Fleischesser würden die meisten Tiere erst gar nicht geboren – welcher Bauer würde noch Schweine oder Rinder züchten, wenn sie später keiner verzehrt? Wir schlachten also die Tiere und essen sie auf, sorgen aber gerade dank diesem mitleidlosen Verhalten dafür, dass sie überhaupt das Licht der Welt erblicken durften. Und wenn man für sich selbst zu entscheiden hätte, ob man lieber überhaupt nicht geboren wäre oder nur für eine begrenzte Zeit, nach der man ohne allzuviel Schmerz hingerichtet wird – würde da nicht so gut wie jeder dem kurzen Leben mit anschließender Hinrichtung und Verspeisung den Vorzug geben? Nun, vielleicht ist diese Argumentation zu lebenslustig – vielleicht sähe das Ergebnis einer solchen Umfrage in Wirklichkeit anders aus. Denn unter diesem Aspekt wurde wohl noch nicht gefragt?!

> Einschub für den irdischen Vegetarier: Selbstverständlich sticht diese Rechtfertigung nur bei tiergerechter Haltung und rücksichtsvoller Schlachtung. Auch wäre es naheliegend, Speisen aus Jungtieren (Spanferkel, Kalbsschnitzel, gefülltes Kücken) abzulehnen: Deren Erdenzeit wird dann gar zu kurz. Anders beim Fischgericht: Wenn wir Fisch essen, ist dies kein Impuls für die Vermehrung von Meerestieren. Insgesamt wird deren Zahl sogar vermindert, weil ja zum Beispiel ein toter Hering nicht mehr laichen kann. Die Fischküche ist also vom Standpunkt des Vegetariers tatsächlich kriminell – und gerade hier machen so viele eine Ausnahme. Ob es sich dabei um eine gerechtfertigte Bagatellisierung des Gefühlslebens von Kaltblütern oder eine Art Tierkadaver-Rassismus handelt, ist schwer auszumachen.

Doch auch nach allem Gesagten bleibt das Fleischessen noch immer grotesk. Später wird es vielleicht einmal heißen, dies sei von den Barbareien unserer Zeit die unbegreiflichste gewesen. So etwas wie die Sklaverei bei den alten Griechen, die ja offenbar nicht einmal den sonst so sensiblen Platon störte.

Und nun stelle man sich einen Ewigen vor, der seine Schäfchen (die echten) zur Schlachtbank führt, um seine Engelchen mit einer Schafkeule zu erquicken! Der seinen Hühnchen den Hals umdreht, weil wir für unsere himmlische Dinnerparty auf *Coque au vin* bestehen! Der seinen Rindern ein *Filet mignon* aus dem Leib tranchiert, seine Hasen zu *Lapin chasseur* verarbeitet, aus seinen Ziegen *Chèvre grand veneur* und seinen Kälbern *Blanquette de veau* macht! Der seiner irdischen Gefolgschaft die Erfindung von Hölle und Fegefeuer verübelt, um dann in seinem Himmel gegrillte Ferkel zu servieren! Unmöglich! Und auch man selbst möchte eigentlich in einem solchen Himmel nicht leben. Nach einer Zeit der Gewöhnung soll die vegetarische Küche ja ausgezeichnet sein!

Moment: *vegetarisch*? Woher wissen wir denn, dass die Pflanzen keine Angst vor dem Sterben haben? Dass die Tomaten nicht weinen, wenn man sie pflückt, der Kohlkopf beim Schneiden nicht aufschreit? Ist nicht aus jeder kochenden Minestrone ein leises Gejammer zu hören? Gibt es da nicht eine Theorie, die besagt...?

Schluss jetzt!

Aber wieso?

Sie wollen doch ein Paradies mit Mahlzeiten, nicht wahr? Sie würden eventuell sogar auf Ihr gesamtes Ewiges Leben verzichten, wenn man Ihnen sagte, dort gäbe es nichts zu essen? Dazu ist Voraussetzung, dass zumindest die Pflanzen sich nicht vor dem Vergehen fürchten. Im Interesse Ihrer drei himmlischen Mahlzeiten und der vier Jahreszeiten, auf denen Sie ja ebenfalls für Ihr Jenseits bestehen, muss ich Sie bitten, in dieser Richtung nicht weiterzudenken!

Diesem Ersuchen wird stattgegeben. Und natürlich funktioniert das mit dem Vegetarischen auch bald ausgezeichnet. Nach einer Zeit der Umstellung dünkt uns diese Ewige Küche von Mal zu Mal besser – wir können uns gar nicht mehr vorstellen, dass wir einmal so brutal waren, die Leichen anderer Wesen zu verspeisen. Die Auswahl ist phantastisch, die Zubereitung exquisit. In den ersten Jahren des Ewigen Lebens sind vier bis fünf Mahlzeiten die Regel.

Aber es ist wie beim Sex: Irgendwann geht der ganz große Hunger verloren. Hundert Jahre lang essen wir vielleicht nur noch dreimal am Tag, dann zweimal, einmal, dann nur noch alle paar Wochen. Bis wir schließlich überhaupt nichts mehr zu uns nehmen – weder Speise noch Trank. Denn ein Verhungern ist auch so nicht möglich: Ob man viel oder wenig oder gar nichts isst, ob man Festes oder Flüssiges konsumiert, ob die Ernährung ausgewogen oder einseitig ist – man fühlt sich immer gleich wohl. Wenn man sich nach tausendjähriger Nulldiät auf die Waage stellt, muss man wieder einmal zugeben, dass dieses Paradies perfekt ist: Man hat nicht ein Gramm abgenommen.

Engel und Reisen

Nun kann man ja Gott sei Dank in einem Paradies nicht nur tafeln und kopulieren. An einer solchen Örtlichkeit kann man prinzipiell alles. Abgesehen vom kulinarisch verarbeiteten Tier – dessen Konsum man unterdessen ja auch selbst verabscheut –, wird einem jeder Wunsch erfüllt.

Und da gibt es natürlich all die Reisen zu machen! Nicht nur die zur ehemaligen Heimat, die man nun eigentlich schon ein wenig über hat. Sämtliche Freunde und Bekannte sind unterdessen bei uns im Himmel; es gibt da darunter kaum noch jemanden, den man kennt. Denn auch die Kinder sind ja längst hier. Aber man hat nicht mehr den Kontakt von früher. Liegt dies daran, dass man nun gleichaltrig ist? Hätte ihnen wohl gepasst: sie die Ewigjungen, wir für immer die Alten!

Dies alles hat natürlich auch seine Auswirkung auf die spiritistische Sitzung, bei der man sich anfangs so köstlich amüsierte. Sie macht einfach nicht soviel Spaß, wenn es sich um Anfragen von Fremden handelt. Zuweilen schickt einen ein befreundeter Praktikant der Nächstenliebe (so werden die genannt, die sich noch immer für Sex interessieren) zu seiner Witwe, damit man ihn bei solchem Anlass vertrete. „Aber natürlich bin ich dir treu!“, morst man entrüstet: „Meine Liebe ist Ewig, das weißt du doch!“ Das ist nicht die Heuchelei des Engels, sondern überirdische Höflichkeit.

Soll man der alten Dame klopfen, was ihr teurer Verblichener wirklich macht, und sie damit trösten, dass sie selber es bald noch viel bunter treiben wird?

Bleiben die Reisen zu neuen Zielen. Doch den Trip entlang der Milchstraße haben wir hinter uns, ebenso den Ausflug zum Großen Bären. Eine kleine Marslandung möchte man eventuell einmal machen, aber das hat Zeit. Denn dies wäre wieder ein sehr langer Flug, und wie wir ja schon von den irdischen Astronauten wissen, gibt es im Weltall eigentlich nichts zu sehen. Jedenfalls haben wir im Augenblick genug von solchen Unternehmungen. Im nächsten Jahrtausend vielleicht!

Etwas anderes ist es natürlich mit dem Paradies selber: Es ist so interessant und vielfaltig wie die Erde und trotz der hohen Einwohnerzahl absolut unversehrt. Doch irgendwie beflügelt ein unsterbliches Wesen nicht mehr die Reiselust, die es als zeitliches verspürte. Es ist ja schon ein Unterschied, ob einem für die Befriedigung seiner Neugier nur ein paar Jahrzehnte zur Verfügung stehen oder eine Ewigkeit.

Es ergeht einem wie früher mit den Sehenswürdigkeiten der engeren Heimat – der Tourist kannte sie meist besser als man selbst. Denn dieser wusste, dass er nur ein paar Ferientage hatte, während der Eingesessene sich sagte, das könne er auch ein andermal sehen. Da er über diesen guten Vorsätzen meist das Zeitliche segnete, besuchte er zu Beginn seines Engeldaseins schon aus diesem Grund immer wieder die alte Heimat: Jetzt musste er nicht dort leben, jetzt interessierte sie ihn. Kein Venezianer hat eine Vorstellung vom *unsichtbaren* Tourismus, den es bei ihm noch zusätzlich gibt. Einen gar nicht geringen Teil des Aufkommens stellen dabei die Verstorbenen aus dem Veneto.

Die Universitäten des Vierten Lebensalters

Das mit dem Reisen gibt also als Zeitvertreib nicht viel her: Wer jederzeit jeden Ort aufsuchen kann, geht schließlich am liebsten gar nicht mehr weg. Gilt dieses Gesetz auch für den überirdischen

Zeitvertreib Lernen? Will einer, der jederzeit alles erfahren kann, schließlich überhaupt nichts mehr wissen?

Denn natürlich sind die Schulen des Jenseits die vollkommensten, die sich denken lassen. Jeder beliebige Lehrstoff steht dem Bildungshungrigen als ausgefeiltes Computerprogramm zur Verfügung – noch das ödeste Thema ist dermaßen spannend aufbereitet, dass Langeweile gar nicht erst aufkommen könnte. Wir drücken auf einen Knopf, lehnen uns in einem weichen Sessel zurück, lassen Bild und Ton auf uns wirken. Und irgendwann wissen wir alles, was es über einen bestimmen Komplex zu wissen gibt.

Und da man an diesen Universitäten unseres Vierten Lebensalters weder Noten noch Prüfungen kennt, steht man in keinem Augenblick unter Druck. Man lernt nicht mehr für den Professor, sondern allein für sich selbst. Und war nicht gerade dies der Traum jedes irdischen Studenten? Was man im zeitlichen Leben an Bildung versäumte – und wie fühlten sich gerade die aus den unteren Schichten stets benachteiligt! –, hier wäre es mühelos nachzuholen.

Man holt es nicht nach?

Nein.

Weshalb nicht?

Nun, abgesehen von dem Übermaß an Zeit, das einem natürlich auch auf diesem Gebiet den Wind aus den Flügeln nimmt, gibt es dafür Motive:

> Im Himmel lernt keiner für eine Karriere, weil es eine solche in einer Welt ohne Arbeit gar nicht gibt. Wissen ist Macht, hieß es auf Erden – doch diese will hier niemand.
>
> Im Himmel lernt keiner, um den Eindruck von Intelligenz zu erwecken. Der Engel weiß, dass Bildung und Intelligenz nicht identisch sind und dass er dank Gottes Gerechtigkeit von letzterer ohnehin soviel hat wie die andern.
>
> Im Himmel lernt keiner, um andere einzuschüchtern: Sogar auf Erden stellte ein Gentleman sich ja lieber dumm, als dass er Angehörige der niederen Stände mit seinem Vorsprung an Bildung brüskierte. Unter Engeln ist solches Taktgefühl

selbstverständlich: Warum also überhaupt mehr wissen als der andere, wenn man es ihm nicht zeigen kann?

Und so kommt es natürlich auch in unserem Fall: Nach den ersten paar Jahren, in denen wir wie die meisten einen Computerlehrgang in der neuen Sprache absolvieren (eine Art himmlisches Esperanto, ohne das eine Konversation zwischen Engeln aus verschiedenen Epochen und Kulturen kaum denkbar wäre), nehmen wir das Bildungsangebot unseres Jenseits nur noch ausnahmsweise wahr. Bei solcher Gelegenheit machen wir stets die Erfahrung, dass in einem Paradies offenbar kaum einer etwas dazulernen möchte: Eine Million Jahre sind wir nun schon hier oben, Milliarden Neuzugänge hat es unterdessen gegeben, doch an den Universitäten herrscht noch immer die gähnende Leere, die wir von unseren überirdischen Anfängen her kannten.

Und eines Tages sind wir genauso bequem geworden wie die andern: Wenn uns wirklich einmal etwas interessiert, wählen wir die Nummer des Allwissenden, der uns mit gütiger Stimme Auskunft gibt.

Engel und Sport

Natürlich kann man im Ewigen Leben auch Sport treiben. Nur dass eben dann die Erfahrung wieder ähnlich ist wie beim Essen: Ob man sich viel bewegt oder wenig, ob man seine Muskeln mit dieser oder jener Methode trainiert – der Körper bleibt immer gleich. Wozu also noch die von Erden her gewohnte Gymnastik? Wozu Joggen, Radfahren, Tennisspielen, Schwimmen, wenn es nichts nützt? Hinterher fühlt man sich wohl, sicher. Aber nach einer Stunde im Liegestuhl fühlt man sich eigentlich genau so wohl.

Selbstverständlich gibt es auch den Risikosport: Bergsteigen, Skispringen, Springreiten, Tiefseetauchen... Aber wo bleibt das Risiko, wenn man nicht mehr verunglücken kann? Nicht einmal ein Bein kann man sich hier noch brechen! Und auf Boxen und Ringkampf hat man ohnehin verzichtet: Wie könnte ein Engel einem anderen ein blaues Auge schlagen?

Freude machen hingegen die neuen, spezifisch überirdischen Arten der Ertüchtigung – zumindest am Anfang. Sie ähneln dem irdischen Fallschirmspringen, nur dass eben die Möglichkeiten so weit draußen hundertmal aufregender sind. Vor allem der „freie Fall“ (der ohne Flügel) wird gern praktiziert.

So klärt sich denn auch das Geheimnis vom „gefallenen Engel“: Es handelt sich um einen mittelschweren Sportunfall mit anschließendem Rettungsmanöver. Ein sogenannter „Schutzengel“ fliegt dem Verunglückten – der oft sogar ohnmächtig ist – hinterdrein, hebt ihn auf, trägt ihn auf den eigenen Schwingen nach Hause. Das ist nicht einfach, doch natürlich sind am Ende dann beide unversehrt. Auch Angst mussten sie nicht empfinden – lediglich einen gewissen „Nervenkitzel“. So nennt man im Himmel Gefühle, die an die irdische Angst erinnern: Die Übung „gefallener Engel“ ist deshalb vor allem unter den neueren Ewigkeitsbürgern beliebt.

Was gäbe es aus diesem Bereich ansonsten Besonderes zu berichten? Das Wettfliegen ist ebenso eingeführt wie die anderen Arten sportlichen Wettbewerbs: Wettlaufen, Wettschwimmen, Wettschießen, Radrennen, Skirennen, Pferderennen – das alles kennt man auch im Jenseits. Nur ist das unter Engeln schon eine Sache für sich: Keiner gönnt dem Konkurrenten eine Niederlage. So bleibt zum Beispiel der führende Langstreckenläufer immer vor der Ziellinie stehen, um seinem Herausforderer den Vortritt zu lassen: „Bitte, mein Engel, nach Ihnen!“ Auch sollte man den Mannschaftssport nicht vergessen. Alles wie auf Erden, nur eben ohne Sieger und Besiegte. Das heißt nicht, dass zum Beispiel beim überirdischen Fußballmatch keine Tore geschossen würden – im Gegenteil! Doch am Schluss hat das Spiel immer „unentschieden“ zu sein.

Verlängert wird also im Himmel nicht bei einer Pattsituation, sondern wenn eines der beiden Teams um ein oder mehrere Tore im Vorsprung ist. Falls es dabei zum Elfmeterschießen auf das Tor der führenden Mannschaft kommt, verlässt deren Torwart vorübergehend das Spielfeld. In den Sportnachrichten hören sich die Ergebnisse des Ewigen Tages dann so an: 5:5, 11:11, 2:2, 0:0...

Möchte man also im Himmel einen Sport betreiben? Dies wohl, aber nicht für lange. Lieber als in den schlechtbesuchten Superstadien sitzt der fußballvernarrte Engel vor seinem Fernsehgerät und lässt sich das Spiel seiner früheren Heimatteams übertragen – zumindest während der ersten Jahre, solange er die Spieler noch kennt. Danach wartet er nur noch auf die Ankunft des alten Beckenbauer. Ohne Ungeduld jedoch.

Die paradiesische Medienlandschaft

Und die Medien? Können nicht wenigstens sie für ein wenig Abwechslung sorgen? Ein paar Zeitungen wird es da drüben wohl noch geben! Und Fernsehen hat man ja offenbar auch!

Zeitungen? Tausende gibt es davon – ruft doch jeder verblichene Zeitungsverleger sofort nach der Ankunft ein neues Blatt ins Ewige Leben. Und die in einer einzigen Woche erscheinenden Newsmagazine sind so zahlreich, dass man ein ganzes Ewiges Jahr brauchte, um sie alle zu lesen.

Und wer ist nicht alles gekommen: Lord Northcliff, der britische Zeitungszar; Arthur Ochs Sulzberger, der langjährige Verleger der *New York Times*; Malcolm Forbes vom gleichnamigen Magazin; Axel Springer, Begründer des auflagestärksten europäischen Massenblattes. Bereits der Titel des neuen Produkts sagt uns allerdings, woran die unternehmerischen Neubürger schließlich scheitern: Die *Ewige New York Times*, das *Ewige Forbes Magazine*, die *Ewige Bild Zeitung* – was könnte in einem Blatt solchen Namens schon Aufregendes zu lesen sein? Ein paar Monate nach dem Start sind die Auflagenzahlen dermaßen gesunken, dass man sie schon aus Pietätsgründen nicht nennen kann.

Wie gesagt, an den beruflichen Fähigkeiten der himmlischen Verleger liegt das nicht. Auch nicht an der Qualifikation der überirdischen Journalisten – denn natürlich sind hier die besten und vor allem erfahrensten der alten Welt versammelt. Und auch am überirdischen Werbeetat konnte es nicht scheitern – jeder hatte genau die Summe zur Verfügung, die er zu brauchen glaubte. Dass die Ewigen Zeitungen so wenig lesenswert sind, liegt allein am Ewigen Leben: Es geschieht einfach nichts. Was gab es hingegen auf Erden für Themen! Kalte und heiße Kriege, Natur- und Ökokatastrophen, Intrigen in Wirtschaft und Politik, Bestechungs- und Erpressungsaffären, Mord und Totschlag, Ehebruch und Vergewaltigung... Und welches dieser Sujets bleibt uns hier oben erhalten? Keines!

Dafür kann man im Ewigen Leben zum Beispiel über Folgendes berichten:

> Sportereignisse (mit bekannt aufregendem Ergebnis), Ausflüge ins Weltall und was man dabei alles sah (nichts). Spaziergänge mit der Heiligen Familie und welche Gespräche man dabei führte (liebevolle).
>
> Gottes Tag vor Gericht und welche neuen Fragen dabei gestellt wurden (keine).

Zum Glück gibt es ein paar Schreiber, von denen man auch Abgestandenes akzeptiert. So hat zum Beispiel Franz von Assisi eine vielgelesene Kolumne über die überirdische Fauna. Die *Ewige Financial Times* konnte Judas für fiktive Börsenberichte gewinnen, die vor allem bei ehemaligen Wall-Street-Leuten Zuspruch finden. Kain und Abel gelten als erfahrene Agrarexperten (sie sind ja auch am längsten hier). Die ehemals so sündige Eva hat sich in einem Computerlehrgang das Schreiben beigebracht und berichtet in einer äußerst populären Fortsetzungsserie über ihre Erfahrungen im antiken Paradies. Marx und Engels analysieren für das *Ewige Time Magazin* alternierend die Auflösung der sozialistischen Strukturen, während die drei Kennedy-Brüder im *Ewigen Newsweek* überaus witzig den bevorstehenden Zusammenbruch der freien Marktwirtschaft kommentieren.

Aber schon beim Lokalklatsch unterwirft sich der berichterstattende Engel freiwilliger Selbstzensur. So schreibt er etwa über die Ewige Wiederkehr einer bestimmten Wintermode, ohne aber zu erwähnen, welche Engelin welche Kreation bei welcher Gelegenheit getragen hat. Man will ja keinen Neid säen. Gibt ein Prominenter wie de Gaulle ein Herrenessen, so wird man es uns schon darum verschweigen, weil man den vielleicht versehentlich nicht gebetenen Adenauer nicht verletzen möchte. Das einzig halbwegs Interessante sind die Berichte über berühmte Neuzugänge – zumindest am Anfang, solange man ihren irdischen Stellenwert noch kennt. Bei der Ankunft von Papst Johannes Paul I., Franco, Howard Hughes, Marilyn Monroe waren die Blätter dreimal so umfangreich wie üblich – tagelang wurden sämtliche irdischen Spekulationen über deren Todesursache auch im Himmel ausgebreitet. Erst nachdem die Betreffenden zur Feder gegriffen und ihr Ende selbst beschrieben hatten, kehrte die Ewige Ruhe wieder ein. Denn nun wusste man ja, wie es wirklich war.

Und erst das Fernsehen, du liebe Güte! Einen Abend lang müssten Sie es genießen, dann wüssten Sie, was Sie am irdischen haben. Fünfzig Kanäle, ja, aber was wird denn gesendet? Hier ein Tennismatch zwischen befreundeten Engelchen, dort eine Dramatisierung von Jesus' Gang auf dem Wasser. Eine italienische Oper mit der Ewigen Callas, *Beckett oder Die Ehre Gottes* als Musical. Kürzlich war *Das Lied der Bernadette* als Rockoper angekündigt – mit Janis Joplin! Es war die gleiche Frau, die gleiche Stimme, und dennoch klang alles anders. Sanft, lieb, keine Spur der irdischen Verzweiflung. Warum auch?

Die lichte Seite des Verbrechens

Aber wieso bringen die denn nicht wenigstens ein anständiges Fernsehprogramm zustande? Ich verstehe, dass es nichts zu berichten gibt – aber der *Erfindungsgabe* sind doch keine Grenzen gesetzt?! Wenn es stimmt, was Sie sagen, haben die Engel doch Phantasie! Und für die Drehbücher stünden die größten Dramatiker aller Zeiten zur Verfügung!

Richtig. Und da der Engel keinen Neid kennt, verkehren sie sogar miteinander: Shakespeare fliegt mit Sophokles spazieren, Tennessee Williams umschwärmt den Engel Molière, der gute Shaw hat unter dem Einfluss von Dylan Thomas sogar mit dem Trinken angefangen! Nein, nein, an genialen Autorenteams bestünde wahrhaftig kein Mangel, und auch die Kosten für Produktion und Werbung sind nicht das Problem. Bei der Besetzung ließen sich die herrlichsten Kombinationen denken: die junge Duse mit dem jungen Gary Cooper, die junge Bergman mit dem jungen James Dean...

Was ist das Problem?

Die Stoffe. Denn in dieser Beziehung ist eben der Engel ein schwieriger Fall – es fehlt ganz einfach an Themen, die ihn faszinieren könnten. Auch auf Erden können Sie ja nur Filme popularisieren, mit denen sich das Publikum zu identifizieren vermag. Die phantasievollste Story ist wertlos, wenn der Zuschauer darin sich und seine Probleme nicht wiederfindet, hab' ich recht? Und nun überlegen Sie: Aus welchem Themenkreis rekrutiert sich das Gros der irdischen Filmgeschichten? Worüber werden die meisten Fernsehserien gedreht?

Nun, wahrscheinlich über Verbrechen. Wollen Sie sagen, dass es ohne die auch keine Krimis gäbe? So zynisch es klingt: Die irdische Film- und Fernsehindustrie verdankt einen großen Teil ihres Unterhaltungswerts den irdischen Kriminellen: Dieben, Mördern, Zuhältern, Vergewaltigern, Erpressern, Dealern, Mafia- und Camorrabossen, Rauschgiftschmugglern, Fälschersyndikaten, Callgirlringen, Geldwäscherbanden... Ohne all diese wirklichen Gangster ginge auch auf Erden keiner in eine erfundene Gangstergeschichte: Was mir nicht wenigstens unter extremen Umständen selbst zustoßen könnte, lässt mich auch im Kino kalt.

Das begreift man dann im Himmel natürlich nicht sofort: Im ersten Jahr nach der Ankunft weisen die Fernsehantennen der neuen Engel fast ausschließlich in Richtung Erde. Dann beginnen sie langsam zu verstehen, dass ihnen das alles nun nicht mehr widerfahren kann: Keinem würde es hier einfallen, seine Haustür abzuschließen oder gar sein Spielgeld nachzuzählen. Eine Engelin kann bei dunkelster Nacht durch jede himmlische Großstadt flanieren – falls sie einer anspricht, dann höchstens um zu fragen, ob sie sich verirrt habe und ob er ihr helfen könne. Und wenn man das weiß, verliert man auch das Interesse am Thriller.

So ergeht es einem auch mit den übrigen Themen, die den Unterhaltungswert der irdischen Film- und Fernsehindustrie ausmachen.

Abgesehen von einem zweiten, nicht zu unterschätzenden Handicap: Wo es weder Alte noch Kinder gibt, sind auch die dramaturgischen Möglichkeiten geringer – deren Rollen müsste man dann ja mit Zwanzigjährigen besetzen.

Und selbst wenn wir uns auch damit noch abfinden – welche Art Story sollte man drehen? Kriegsfilme für eine Welt, die nicht einmal Militärdienst kennt? Fernsehserien über das Luxusleben der Reichen, wenn man all das auch selbst haben könnte? Sciencefiction, wo man Gott jederzeit fragen kann, wie es kommen wird? Tragödien von Liebe und Eifersucht, wenn man die großen Gefühle nur noch aus der Erinnerung kennt? Dramen über unheilbar Kranke, wo es allen gutgeht? Pornofilme für eine Gesellschaft ohne sexuelle Tabus?

Natürlich gibt es hin und wieder einen neuen Film, der den Ewigen Zuschauer interessiert. Die Geschichte von Maria und Josef, wie sie sich kennenlernten und ineinander verliebten, wie es zu der unbefleckten Empfängnis kam (die Rolle des Krippenkindes wäre ja nicht zu besetzen gewesen), war ein Erfolg, den man nur mit dem irdischen *Vom Winde verweht* vergleichen kann. Auch seine früheren Lieblingsfilme sieht man sich von Zeit zu Zeit wieder an. Und als die Garbo kam, gab es zum Beispiel überall gutbesuchte Sonderfestspiele: Doch da man sie hier nicht mehr „die Göttliche" nannte, verlor sie auch bald ihre legendäre Scheu. Sie begann unter die Engel zu gehen, und man sah sie mit eigenen Augen: wieder zwanzig, ansonsten aber genau wie im Kino – denn was hätte es an ihr zu verbessern gegeben? Ihre Filme waren aber gerade darum nicht mehr gefragt: Wie lange kann einen das Drama der Kameliendame faszinieren, wenn die Darstellerin kerngesund unter den Toten weilt?

Engel und Kunst

Ein Widerspruch, meinen Sie: Dann gebe es im Paradies ja doch Arbeit? Zweimal hätte ich schon von Werbung geschrieben, und auch Journalisten, Schauspieler und Drehbuchautoren wurden erwähnt. Aber hier handelt es sich um künstlerische Tätigkeiten – die einzigen, die man ja auch auf Erden sogar dann noch verrichtet, wenn man kein Geld dafür bekommt. Genau genommen arbeiten Künstler also überhaupt nicht.

Seit wann gelten Werbeleute und Journalisten als Künstler, wollen Sie nun fragen?

Richtig.

Eine Folge von Gottes Gerechtigkeit: Ihr Herzenswunsch ging in Erfüllung, in seinem Paradies dürfen auch sie sich als Künstler bezeichnen. Ein guter Satz sei immer ein guter Satz, meint der Herr, egal ob er in einem Buch, in einer Zeitung oder auf einer Plakatwand steht. Ein weiterer Widerspruch: Werbung an einem Ort, wo keiner etwas verdienen will?

Eine Folge von Gottes Güte: Wie sollte ausgerechnet er nicht bemerkt haben, dass seinen Engeln auch das himmlischste aller Vergnügen irgendwann einmal langweilig wird? Mittels Werbung versucht er diesen Zeitpunkt so lange wie möglich hinauszuzögern. Nacht für Nacht werden in Riesenlettern Slogans an den Himmel projiziert, die vor allem die Alteingesessenen wieder ein wenig zum Genießen animieren sollen:

Auch wenn Sie Ihre Muskeln
schon haben:
Sport bleibt Sport.

Holen Sie sich wieder einmal
einen Engel ins Bett –
Sex ist schöner, als Sie glauben.

Italienische Teigwaren.
Auch auf Erden gab es Gutes.

Lernen Sie Altgriechisch –
die Ewigkeit ist lang!

Dann gibt es im Paradies also einen regen Kulturbetrieb? Wie man den Herrn kennt, hat er wohl auch die künstlerischen Talente gleichmäßig über seine Überirdischen ausgeschüttet?

Und ob er das hat: Im Ewigen Leben ist gewissermaßen jeder ein Künstler. Sei es auf dem Gebiet der Wort-, Ton-, Bild- oder Kochkunst – irgendeine schöpferische Begabung hat jeder Engel.

Eine Ewigkeit voller kreativer Wesen, alle gleichmäßig talentiert und vom Materiellen her versorgt – da müssen ja atemberaubende Kunstwerke entstehen?

Nun ja, wenn man die Umstände bedenkt, ist das Ergebnis schon beachtlich.

Aber gerade die Umstände könnten doch nicht vorteilhafter sein?

Für das tägliche Leben ist natürlich schon gesorgt, und auch Zeit hat man in Hülle und Fülle. Nur das, was zum Entstehen und Begreifen eines Kunstwerks nötig wäre, ist nicht da. So fehlt zum Beispiel im Paradies:

- *das Hässliche*, ohne das der Künstler keine Sehnsucht nach Erschaffung von Schönheit empfindet und der Betrachter die Schönheit eines Werkes nicht erkennt;
- *das Traumatische*, ohne das der Künstler nichts zu sagen hat und der Betrachter die Aussage eines Kunstwerks nicht versteht;
- *die Ungerechtigkeit*, die den Künstler in schöpferische Wut versetzt und den Betrachter dazu bringt, sich mit seiner Auflehnung zu identifizieren;
- *die Erniedrigung*, ohne die weder Künstler noch Betrachter den Wunsch empfänden, sich über andere zu erheben – der erste durch ein außergewöhnliches Werk, der zweite durch einen elitären Geschmack;
- *die Habgier*, die den Künstler dazu treibt, etwas Begehrenswertes herzustellen, und den Betrachter etwas zu erwerben, was auch andere gern hätten;
- *die Todesangst*, die den Künstler anspornt, ein Werk von bleibendem Wert zu erschaffen, und den Betrachter nach dem Besitz eines solchen streben lässt.

Zu diesen Handicaps kommt noch die sprichwörtliche Bescheidenheit des Engels. So wie er nicht mit seinem Wissen prahlt, prahlt er auch nicht mit seinem Können. Damit seine Künstlerkollegen sich nicht unterlegen fühlen, wird er ein besonders gelungenes Werk eher vor der Öffentlichkeit verbergen.

Die gleiche Feinfühligkeit bestimmt das Verhalten der Kunstkritik. Bei der Beurteilung einer neuen Arbeit betont der Kritiker das Gelungene und verweist höchstens am Rande – und dann mit äußerster Höflichkeit – auf das nach seiner Ansicht weniger Geglückte. Und so lässt man sich Tadel natürlich gern gefallen. Nicht im Traum käme ein unverstandener Dichter auf die Idee, seinen überirdischen Kritiker einen Dummkopf zu schelten. Er wäre entzückt von diesem Modell ausgleichender Gerechtigkeit: Jemand, der doch ganz eindeutig nicht einmal richtig lesen konnte, durfte hier sogar schreiben!

Die Ewige Konversation

Dann gibt es also im Jenseits zumindest ein intensives Gesellschaftsleben? Lesungen, Vernissagen, Dinnerpartys, Geburtstagsfeiern, Willkommensfeste? Und überall schöne, freundliche Wesen, die unendlich viel Zeit füreinander haben. Wie aufregend müssen die Gespräche sein, wenn Tote aus allen Teilen und Epochen der Erde ihre Meinungen tauschen!

Wie man es nimmt. Zum Austausch von Meinungen kommt es allerdings nicht – man kennt ja nun die Wahrheit, und davon kann es nur eine einzige geben. „Die Wahrheit ist der Tod der Ansicht", sprach der Herr kürzlich zu einem Engel, der mit ihm philosophieren wollte. Denn gerade dieser Zeitvertreib ist im Jenseits logischerweise nicht mehr möglich. Die großen Philosophen leben zwar alle fort, doch ihr Werk ist untergegangen. Ob alles fließt oder alles steht, ob die Dinge so sind, wie man sie wahrnimmt, oder so, wie man sie denkt, ob die Welt positivistisch oder strukturalistisch zu beurteilen ist – jetzt weiß man ja, was richtig war. Ansichten über „das Prinzip Hoffnung" oder „das Ich als Absolutes" werden höchstens noch bei den Arbeitsspielen passionierter Philosophieprofessoren erörtert.

Der Philosoph Feuerbach etwa spricht im Jenseits kaum noch ein Wort: Sein ganzes Œuvre gründet ja auf der Meinung, dass Gott eine menschliche Erfindung sei. Wenn der Herr an ihm vorüberfliegt, tut er auch nach über hundert Jahren noch so, als ob er ihn nicht sähe. Der selige Sartre ist für seine Verhältnisse ebenfalls ziemlich still. Einmal neckte ihn der Allwissende damit, wie er damals in seiner Zeitschrift *Les Temps Modernes* Gottes Tod verkündet hatte. Darauf sagte er humorlos: „Wir sind ja hier im Totenreich, Monsieur!“

Nur der Engel Sigmund Freud nimmt seine Irrtümer von der komischen Seite. Schon bei der ersten Begegnung erzählt er unter fröhlichem Gekicher, wie er seine Wiener Patienten belehrte, ihr Glaube an das Ewige Leben sei „die unrealistische Regression psychisch Unreifer“.

Natürlich gibt es auch unendlich interessante Persönlichkeiten. Nicht gerade die Prominenten – die man im Laufe der Ewigkeit nolens volens alle irgendwann einmal kennenlernt. Und so aufregend es ist, wenn einem die überirdische Marilyn Monroe zum ersten Mal die Hand reicht – die eigentlich Interessanten sind auch in dieser zweiten Welt die Unbekannten: Steinzeitmenschen, Soldaten aus dem alten Ägypten, Seeleute von Piratenschiffen, spanische Kurtisanen, japanische Geishas, englische Suffragetten. Und jeder freut sich, wenn man sich nach seiner Vita erkundigt. Im Grunde ist sie ja in diesem Hort der Gerechtigkeit das einzige, was ihn von den anderen unterscheidet. Gesellschaftliche Höhepunkte sind die Zusammenkünfte, bei denen Gott persönlich in Erscheinung tritt. Auf Wunsch gibt er dabei auch die eine oder andere seiner berühmten Anekdoten zum besten: Wie wir Menschen unsere Lasten auf Baumstämmen rollten und trotzdem noch Jahrmillionen brauchten, ehe wir das Rad erfanden. Wie die Entdecker Amerikas meinten, sie seien in Indien. Wie wir versuchten, die Syphilis mit Quecksilber zu heilen, während doch der Schimmelpilz in jedem feuchten Winkel gedieh. Wie wir verzweifelt nach einer Aidskur forschten und dabei total übersahen... Zum Schluss gibt er die Schuld aber immer sich selbst: *Mea culpa* – ich hätte Sie ja intelligenter machen können, nicht wahr? Solche Abende sind auch nach Hunderten von Jahren noch vergnüglich.

Aber sonst? Man trifft sich, zeigt sich vor lauter Bescheidenheit nur die weniger gelungenen Bilder, liest sich die leicht missratenen Gedichte vor, spielt seine neue Komposition mit kleinen Fehlern. Wer noch immer isst, lädt Engel mit Appetit zu einer selbstgekochten Mahlzeit. Wer noch immer kopuliert, bittet zu einer erotischen Zusammenkunft. Doch meist unterhält man sich einfach! Worüber, wenn nichts geschieht? Das ist es eben! Wenn man nicht seine Vergangenheit und sein intaktes Gedächtnis hätte, gäbe es wirklich nicht viel zu sagen. Aber die um Jahre oder Jahrmillionen zurückliegenden Erlebnisse auf Erden sind zum Glück ein Gesprächsstoff, der nie ganz versiegt. Auch wenn man im Himmel dann nichts mehr ausschmücken kann, weil ein Engel ja nicht lügt, so hat doch jeder Gott sei Dank so viel mitgemacht, dass es auch ohne Übertreibungen noch interessant klingt. Kürzlich hat einer, der im Inkubator starb, aus seinem Leben berichtet. Nur die paar Frühgeburtswochen im Inkubator, sonst nichts. Es war der aufregendste Abend seit Langem! Ja, wer hätte das gedacht. Da sind wir endlich im Paradies, und alles was interessiert, sind die Höllen, die wir auf Erden durchlebten. In einer absolut gerechten Welt wissen wir nichts Besseres, als uns an den Ungerechtigkeiten der Vergangenheit zu ergötzen. Ist das nicht pervers? Hatte man sich von der Erde aus sein Leben im Himmel so vorgestellt?

Die Ewige Wiederkehr des Gleichen – *das* ist damit gemeint und nicht der vergleichsweise harmlose Alptraum Nietzsches. Was Sie auf Erden erlebten, ist nämlich dann auch schon alles, was Sie als Engel noch bewegt. Und je mehr Sie dort litten, desto interessanter sind Sie für hier. Finden Sie das nicht komisch?

Dabei wäre es *die* Gelegenheit, Gott gegen den Vorwurf der Grausamkeit in Schutz zu nehmen. Die langgesuchte *Theodizee* – die Möglichkeit, unsere irdischen Leiden so zu erklären, dass Gott trotzdem als barmherzig gelten darf – hier ist sie! Denn wenn er uns im ersten Leben leiden lässt, damit wir im zweiten etwas zu sagen haben, ist er ja *gerecht*: Dauert das erste doch nur ein paar lumpige Jahrzehnte und das zweite die ganze Ewigkeit. Wenn man ihm als Motiv die Sorge um unseren überirdischen Gesprächsstoff unterstellt, ist Gott gut und sein Stalingrad vernünftig.

Engel und Religion

Ein bisschen Konversation ist also wenigstens geblieben. Doch sind damit die Möglichkeiten überirdischen Zeitvertreibs tatsächlich schon erschöpft? Was hat man denn im besten Fall auf Erden sonst noch getrieben? Unter der Woche hat man tagsüber gearbeitet und sich abends um die Kinder gekümmert. Das fällt nun weg. Am Samstagvormittag machte man den Haushalt, wusch das Auto, mähte den Rasen. Fällt ebenfalls weg. Am Samstagnachmittag trieb man ein wenig Sport, am Abend ging man vielleicht ins Kino – im Ewigen Leben ein begrenztes Vergnügen, wie wir gesehen haben. Danach hat man eventuell des Sinnlichen gedacht – nichts für die Ewigkeit, wie wir nun wissen. Am Sonntagmittag aß man mit der Familie im Restaurant...

Den Sonntagmorgen haben wir vergessen, richtig! Da sind wir doch in unsere Kirche gegangen? Wenigstens dieser Zeitvertreib wird uns im Reiche Gottes wohl noch bleiben?! Hier, wo er einem so nah ist und man sicher sein kann, dass er die Gebete nicht überhört. Man stelle sich vor: Sämtliche Gläubige und Heiden der früheren Welt, die Propheten und Priester sämtlicher Konfessionen, vereint in einer einzigen, alleinseligmachenden Kirche. Welches Vergnügen muss das Beten im Himmel sein!

Ich muss Sie enttäuschen.

Wieso?

Auch die Kirche kommt im Jenseits als Mittel der Freizeitgestaltung nicht in Frage.

Keine Kirche im Reiche des Herrn? Kein überkonfessioneller Gottesdienst?

Denken Sie nach: Weshalb gingen wir denn auf Erden in unsere Kirche? Warum beteten wir?

Nun, um etwas zu erbitten, beispielsweise.

Richtig. Was noch?

Um uns zu bedanken, wenn wir es bekommen hatten.

Was noch?

Um etwas zu feiern: Taufe, Hochzeit. Dann für den Trauergottesdienst, wenn jemand starb.

Und das Gebet selbst – worin hat es bestanden?

Wir lobten und priesen den Herrn: seine Güte, seine Gerechtigkeit, seine Weisheit.

Schön, kehren wir zum ersten Punkt zurück. Erinnern Sie sich, worum wir den Herrn normalerweise baten?

Dass wir in den Himmel kommen.

Da sind wir nun.

Dass er uns von unseren Ängsten erlöst.

Das hat er.

Dass er uns von einer Krankheit heilt.

Wir sind kerngesund.

Dass er uns einen Wunsch erfüllt.

Jeder Wunsch ist erfüllt.

Dass er uns unsere Sünden vergibt.

Ein Engel kennt keine Sünde.

Dass er uns nicht in Versuchung führt.

In einem Paradies gibt es nichts Verbotenes.

Dass er uns die Gnade des Glaubens schenkt.

Im Hause des Herrn muss man nicht an ihn glauben – man sieht ja, dass es ihn gibt.

Wollen Sie damit etwa sagen, dass das Gebet überflüssig ist?

Das Gebet *um etwas* zumindest, die in Gebetsform formulierte *Bitte*. Diese müsste im Reiche des Herrn ja unhöflich wirken, würde es doch bedeuten, dass man mit seinem Angebot nicht zufrieden ist, dass einem in seinem Paradies etwas fehlt.

Also gut, dann *bedankt* man sich eben: Was spricht dagegen, dass man, so wie früher, am Abend niederkniet und dem Herrn sagt, wie gütig, gerecht und weise er heute wieder mit einem gewesen ist.

Dagegen spricht einiges.

Und was wäre das?

Dass an einen Gott adressierte Komplimente immer zugleich auch eine *Anmaßung* sind. So war's ja genau genommen sogar schon auf Erden: Schließlich weiß ein Allmächtiger selbst am besten, ob und wie gütig, gerecht und weise er heute wieder einmal war. *Lob* könnte ihm höchstens ein anderer Gott erteilen – Mensch und Engel sind für eine Beurteilung seiner Leistung schlechterdings nicht kompetent. Und da Gott auch dies weiß, müssen unsere Lobeshymnen logischerweise auch ein wenig anbiedernd wirken. Außerdem sieht es aus, als kämen wir mit seiner Ewigen Freiheit nicht zurecht und suchten einen, vor dem wir uns wieder beugen können.

Und sonst?

Dass an einen Gott adressierte Komplimente immer auch *Blasphemien* sind. Denn wenn Gott weiß, wie gütig, gerecht und weise er ist, und es trotzdem immer wieder aus den Mündern seiner Schäfchen hören möchte, hätte dies ja zu bedeuten, dass er außerdem auch noch eitel, selbstgefällig und publicitysüchtig ist. Und wenn dies zutrifft, ist auch unser Lob nicht mehr ganz gerechtfertigt: Gott ist dann nicht gütig um unseretwillen, sondern weil er sich auf einem Egotrip von überirdischem Ausmaß befindet. Trifft es hingegen nicht zu (und davon gehen wir aus!), so ist unser Gebet eine gezielte Beleidigung des Adressaten: Dieser muss sich ja sagen, dass wir, seine Geschöpfe, ihn für eitel, selbstgefällig und ruhmessüchtig halten.

Und was Ihre kirchlichen Zeremonien betrifft – welche konnte denn wirklich ihre Bedeutung in diese Ewigkeit hinüberretten?

- Heirat ist abgeschafft.
- Trauerfeier kennt man nicht, weil keiner stirbt.
- Totenmesse ist unsinnig: Dem Verblichenen geht es glänzend; als man gestern über sein Haus hinwegflog, saß er an seinem Pool.
- Taufe ist überflüssig: Gott ist da – nur ein Geistesgestörter hielte zur Bestätigung einer für jedermann ersichtlichen Tatsache noch einmal extra den Kopf unter Wasser.

Außerdem haben wir uns gerade wegen dieser Zeremonie auch schon auf Erden immer ein bisschen geniert: Man schenkte seiner Kirche die Seele seines neugeborenen Kindes, damit diese einem nicht das Recht auf ihren Himmel strich. Und auch die Besiegelung dieses Menschenhandels war eher peinlich: Mit der Begründung, man müsse es „von der Erbsünde reinigen", lieferte man das unschuldigste aller Wesen in einem düsteren Gebäude einem wasserspritzenden Fremden aus. Doch natürlich hat uns später der Barmherzige auch diese Sünde verziehen. War doch gerade die Kindstaufe ein Gradmesser unserer Angst vor dem Sterben: Damit es für *uns* weiterging, schreckten wir nicht einmal vor der psychischen Vergewaltigung unseres Allerliebsten zurück. Zudem hätte das Abwarten, bis dieses selbst zum Denken fähig war, das Eingeständnis bedeutet, dass man über unseren alleinseligmachenden Glauben auch noch anders denken konnte.

Sie sehen also, alles ist eine Frage der Perspektive: Auch das Religiöse wirkt anders, wenn man es vom Himmel her betrachtet. Die überkonfessionelle Kirche wird im gleichen Moment überflüssig, da man sie endlich haben könnte – zu den Gebäuden, die es im Reiche Gottes auf keinen Fall geben wird, sind also neben Kliniken und Gefängnissen auch Gotteshäuser zu zählen. Denn im Dunstkreis des Herrn käme das gemeinsame Gebet als Beschäftigungstherapie nicht länger in Frage.

Und auch auf das private Gebet griffe man nur in äußerster Not zurück. Im Falle äußerster Langeweile also – der einzigen Not, mit der man in einem Ewigen Leben zu rechnen hat. Und hier könnte man nun wirklich einmal von *tödlicher* Langeweile sprechen – einem Gefühl, das so entsetzlich ist, dass der von ihm Betroffene nur noch den Wunsch hat, für immer zu verschwinden. Doch wie könnte sich der Barmherzige von seinem Gebet erweichen lassen? Auf Erden hat er mit der gleichen Inbrunst um ein Ewiges Leben gefleht und dieses gerade darum erhalten. Die Erhörung jenes ersten (irdischen) Gebets macht nun die des zweiten (überirdischen) für alle Zeiten unmöglich.

Ewig heißt für immer

Dieses waren, soweit vorstellbar, die Besonderheiten, mit denen wir in einem Ewigen Leben zu rechnen hätten. Durchdacht wurde dabei das positivste aller möglichen Paradiesmodelle, verwaltet von der gütigsten und gerechtesten aller möglichen Gottheiten. Und auch wenn wir dabei mit unserer Phantasie immer wieder an die Grenzen der Logik gestoßen sind (wie ließe sich aus einer so unlogischen Prämisse wie der eines gütigen, gerechten Gottes, der uns in der einen Welt leiden lässt, um uns in der nächsten zu verwöhnen, ein konsequent logisches Programm entwickeln?), so hat dieser Versuch einer Quadratur des Kreises doch wenigstens eine Ahnung von dem gegeben, was man da drüben zu erwarten hätte. Eine Ahnung, sonst nichts. Denn zugegebenermaßen half einem ab und zu auch die Phantasie nicht mehr. Was tut einer, der da drüben auf den Mörder seines Kindes trifft? Wird ihm die Tatsache, dass dieses sich ja nun heil und lebendig unter den Toten befindet, zum Verzeihen bereits genügen? Wie verhält man sich gegenüber den ebenfalls hier versammelten Folterknechten der Inquisition? Was macht man mit den Borgias? Wie tritt man blutrünstigen Diktatoren und Juntagenerälen entgegen? Fliegt ein Engel an einem wie Stalin grußlos vorüber, dürfte er Hitler wenigstens mit Verachtung strafen? Was ist, wenn einem Eichmann vor sich selbst schaudernd erzählt, wie er damals das Volk Israel in seine Schlachthäuser treiben ließ? Müsste die korrekte himmlische Antwort lauten: „Aber ich bitte Sie, mein Engel – wie konnten Sie ahnen, dass Juden Menschen sind?“

Und auch wenn hier hauptsächlich einer Vision Ewiger Glückseligkeit nachgegangen wurde: Erstens handelt es sich um die, die im Verbreitungsgebiet dieser Abhandlung am populärsten ist, zweitens müsste das gedankliche Eintauchen in eine der übrigen nur noch enttäuschender und erschreckender sein.

So könnte man sich etwa vorstellen, dass man zwecks Umgehung der Ewigen Langeweile vom Schöpfer immer wieder in ein anderes Ewiges Wesen verwandelt wird – Mensch, Tier oder was es auch sein soll. Damit dies aber wirklich eine Abwechslung wird, muss dabei jedesmal auch die Erinnerung an die frühere Inkarnation ausgelöscht werden: Falls wir zu einem andern werden und dabei trotzdem wir selber bleiben, ist das neue Leben nicht aufregender als ein neues Kleid. Diese Lösung müsste also Verzicht auf Identität und Kontinuität bedeuten – und damit wären wir ja auf keinen Fall zufrieden. Wir wollen *selbst* überleben – der Tod der anderen ist nicht der, vor dem wir uns fürchten. Eine Wiedergeburt, bei der weder der Geist noch der Körper des wiedergeborenen Wesens etwas von unserem jetzigen wissen, ist die Geburt eines Fremden.

Das Gegenteil gilt für jene andere beliebte Vision – die von der unsterblichen Seele, die in einem zeitlosen Licht oder Raume schwebt. Denn ich selbst weiß dann wohl noch, wer ich bin – aber wer sind die andern? Woran erkennt man einen Körperlosen, wie unterscheidet sich eine gute Seele von der nächsten? Auch die Stimme ist ja nicht mehr vorhanden, weil auch dafür wieder Anatomisches nötig wäre. Neben dem Verzicht auf sämtliche Sinnesfreuden wird bei diesem fleischfreien Modell also auch noch der auf überirdische Gesellschaft vorausgesetzt. Wir wissen, dass da noch andere sind, doch eigentlich sind wir allein. Abgesehen davon, dass wir uns auch die hier favorisierte Zeitlosigkeit nicht vorstellen können – schon gar nicht als Vergnügen!

Kehren wir also zurück zu unserem Modell. Denn keiner von denen, die von einem Paradiese träumen, kann wirklich bedacht haben, was die Erfüllung dieses Wunsches in der Praxis zu bedeuten hätte: eine Art Existenz, die noch schlimmer wäre als die im irdischen Elend; ein Leben in einem Himmel, wo man alles bekommt. Keiner von denen, die Gottes Gerechtigkeit rühmen, kann sich ausgerechnet haben, was diese göttliche Eigenschaft in der Realität für Folgen hätte. Etwas, das noch erschreckender wäre als die irdische Ungleichheit: einen Himmel, in dem wir alle gleich sind. Ohne Ungerechtigkeit kein Unterschied, ohne Unterschied keine Eigenschaft: In einer absolut gerechten Welt wären wir nichts und niemand. Und keiner von denen, die ihre Haut um eines Ewigen Lebens willen zu Markte tragen, dafür in Kriege ziehen, um notfalls sogar zu morden oder sich ermorden zu lassen, kann sich ausgemalt haben, was ihn in diesem Fall erwarten müsste. Ewigkeit heißt *für immer*. Eine Million Jahre, dann noch eine Million Jahre, dann noch eine, noch eine, noch eine... Da es nichts gibt, was einem für immer gefallen könnte, gibt es nur einen Gedanken, der noch erschreckender ist als der an den Tod: der, dass man nicht mehr sterben darf.

Denn wie gesagt wäre ja das Recht auf den eigenen Tod das einzige, das es in einem Paradies nicht gibt: Ein Ewiges Leben kann man nicht beenden, dies wäre ein Widerspruch in sich selbst. Zumindest aus menschlicher Sicht ist Ewiges Leben ohne Unsterblichkeit nicht denkbar. Und falls uns einer gerade dieses hier wieder einmal zum Vorwurf machte – dass wir das Ewige Glück mit unserer irdischen und daher beschränkten Logik beurteilt haben, während es doch in Wahrheit mit dieser weder zu ermessen noch zu begreifen sei –, so muss er sich selbst den Vorwurf von Inkonsequenz gefallen lassen. Niemand kann verlangen, dass wir die Verheißung des Ewigen Lebens als Ganzes freudig begrüßen, bei den Einzelheiten jedoch das Denken abstellen. Eine solche Haltung wäre die des Feiglings und Dilettanten. Zudem vernichtet unser Kritiker damit sein eigenes Trostargument: Wir brauchen die Hoffnung auf ein Ewiges Leben ja nicht für einen Verstand, den wir mit Gottes Hilfe irgendwann einmal besitzen werden, sondern für den von hier und jetzt. Den, mit dem wir uns vor dem Vergehen fürchten. Den menschlichen eben, unseren.

Das Ewige Leben: Alternativen

„Wenn wir die Grenzen der Freude richtig ermittelt haben, dann birgt die unbegrenzte Zeit die gleiche Freude in sich wie die begrenzte." Ein weiterer Ausspruch Epikurs. Die Grenzen der Freude in einer unbegrenzten Zeit haben wir nach bestem Wissen ermittelt und dabei herausgefunden, dass ein Leben nach dem Tode sich nur wünschen kann, wer es sich nicht ausmalt, dass von einem Paradies nur träumen kann, wer keine Phantasie besitzt, und dass nur ein Narr um beides beten kann. Nicht nur, weil da oben keiner wäre, der ihn erhört, sondern weil Erhörtwerden hier identisch mit Bestrafung sein müsste: Auf die unbegrenzte Zeit bezogen, gäbe es zwischen Himmel und Hölle nur noch formale Unterschiede – falls es ein Paradies gäbe, wäre dieses so entsetzlich, dass der Fromme seinen Herrgott auf Knien bäte, es wieder abzuschaffen. Wer an die Freuden des Ewigen Lebens glaubt, tut dies also, entweder weil er nicht denken kann oder weil er nicht denken will, letzteres eben aus Todesangst. Und wer dieser Gemeinde von Beschränkten oder Verängstigten in seiner Sonntagspredigt von Verdammnis in einer Hölle oder Erlösung in einem Paradies erzählt (oder von jener „unbeschreiblichen" Glückseligkeit, die sie nach dem Tod erwartet), der belügt entweder sich selbst – aus Todesangst auch er –, oder er belügt die anderen. Die Mitglieder jener Gemeinde, vor der er ja als Autorität in Letzten Dingen steht. Für den zweiten Fall – dass er seinen Zuhörern wider besseres Wissen das Ewige Glück und bei nicht „gottgefälligem" Verhalten das Ewige Unglück verheißt – gibt es wieder zwei Erklärungsmöglichkeiten: Er lockt und droht, weil ihm dies Macht über ein Häuflein Angstkranker verleiht, oder er tut es, weil man ihn dafür bezahlt. Er macht sich also entweder der Erpressung oder der Bestechlichkeit schuldig oder beider Delikte zugleich.

Und aus Mitleid? Kann man seinen „Schäfchen" nicht auch aus Mitleid einen Himmel versprechen, wo sie ihre Lieben wiedertreffen und nie wieder leiden müssen – selbst wenn man weiß, dass dies unmöglich und, wenn schon, schrecklich wäre? Wenn diese Verängstigten gerade diese Lüge hören wollen, weil gerade diese ihre Angst beschwichtigt, handelt man dann nicht moralisch, wenn man ihnen die Erfüllung ihrer Wünsche in Aussicht stellt?

Höchstens auf kurze Sicht. Wer mit diesen Trostsuchenden Mitleid hätte, müsste sie statt der Kunst des Gehorchens die des Zweifelns lehren und statt des erlösenden Glaubens den befreienden Unglauben in ihre Herzen säen. Gerade ihr Glaube bringt sie ja um die einzige Alternative, die sie angesichts ihrer Vergänglichkeit wirklich hätten: ein *etwas* längeres Leben in *etwas* mehr Komfort, in einer *etwas* gerechteren Gesellschaft. Er bringt sie um ihr – sicherlich fehlerhaftes – Paradies auf *dieser* Welt.

Steigerung der Lebenserwartung

Wie wir gesehen haben, scheitert das Paradies im Himmel am Konzept der Unsterblichkeit und am Gerechtigkeitsgedanken:

- Wer sich nicht vor seinem Verschwinden fürchten muss, kann sich auch nicht über sein Da-Sein freuen – wo es keinen Tod gibt, gibt es auch kein Leben.
- Ohne Ungerechtigkeit gäbe es keine Ungleichheit und ohne diese keine Eigenschaft: In einer absolut gerechten Welt wären wir gewissermaßen gar nicht mehr vorhanden – Gottes übergroße Güte hätte jedes persönliche Merkmal ausgelöscht.

Und woran scheitert das Paradies auf Erden?

Es scheitert zu einem guten Teil an denen, die an ein Paradies im Himmel glauben und alles tun, um eines Tages dort zu leben. Hauptsächlich sie, die Frommen, verhindern, dass das heute Mögliche endlich in Angriff genommen wird und dass sich unser Leben statt immer länger und erfreulicher immer bedrohter und entsetzlicher gestaltet.

Bei unserem gedanklichen Eintauchen in paradiesische Zustände haben wir festgestellt, dass ein unbegrenztes Leben zwar ein

Horror wäre – doch ein paar Jahrzehnte oder Jahrhunderte mehr würden uns schon gefallen. Dass wir die absolute Angstfreiheit vernünftigerweise nicht für uns wünschen sollten – doch etwas weniger Angst sollte es geben. Wie wir nun wissen, wäre die perfekte Gerechtigkeit erschreckend – doch ein bisschen gerechter könnte es ruhig zugehen. Und auch in Bezug auf Komfort würden wir auf paradiesischen Wohlstand mit Freuden verzichten – doch genug zu essen und ein schützendes Dach sollte es schon für jeden von uns geben.

Dies alles wäre dank der Wissenschaften heute möglich. In westlichen Industrieländern beträgt die durchschnittliche Lebenserwartung bereits achtzig Jahre – bei gleichbleibendem Fortschrittstempo könnten wir bald mit hundert, hundertzwanzig, hundertfünfzig Jahren rechnen. Und vielleicht würde uns in einem solch „biblischen" Alter das Sterben wirklich ein wenig leichter fallen? Man hört immer wieder von sehr alten Menschen, die meinen, nun sei es eigentlich genug – man habe alles gesehen, es gebe keine Überraschungen mehr. Natürlich hat man nie alles gesehen, und Überraschungen wird es dank unserer Unvollkommenheit noch lange geben. Doch es ist nicht auszuschließen, dass einen irgendwann tatsächlich eine gewisse Lebens-Müdigkeit überkommt. Dies wäre für uns Menschen die einzig würdige Form des Scheidens: Beim auch dann noch unabwendbaren Hinauswurf würde man nicht mehr toben und schreien, sondern sich leise gähnend (und von ganzem Herzen hoffend, dass es dann nicht auf einer anderen Veranstaltung weitergeht) in sein Schicksal fügen.

Und wer ausruft: „Hundert Jahre? Um Himmels willen, so alt möchte ich doch gar nicht werden!", der sei daran erinnert, dass man in diesem Fall auch freiwillig gehen könnte. Im Unterschied zum überirdischen Fest wären bei diesem die Notausgänge nicht verriegelt.

Und nicht nur das Wielange, auch das Wie unseres Erdenlebens ließe sich heute perfektionieren. Die meisten Krankheiten können wir heilen, und bei den unheilbaren werden rasante Fortschritte gemacht. Schwangerschaften lassen sich so regulieren, dass eigentlich nur noch gewollte und somit später auch geliebte und hinreichend versorgte Kinder geboren werden müssten. In der Politik sind zumindest an einigen Punkten unseres Globus die Utopien der Linken mit dem Pragmatismus der technokratisch orientierten Elite zu einem brauchbaren Konzept verschmolzen: Arme und Reiche haben die gleichen Rechte; Männer und Frauen werden früher oder später die gleichen Rechte und Pflichten haben; Arbeitsbesitzer und Arbeitslose stellen sich langsam darauf ein, miteinander zu teilen. Kurz, es stünde alles bereit, um dem Satan ein wenig am Zeug zu flicken und einen Himmel auf Erden zu errichten: „Unsinnig ist es, von den Göttern etwas zu erbitten, was man aus eigener Kraft zu leisten vermag", sagt der Pragmatiker Epikur.

Nun aber kommen die Frommen ins Spiel. Die Frommen mit ihrem ewigen Wahn, im Besitz der einzig seligmachenden Wahrheit zu sein; mit ihren ewigen Missionierungsgelüsten, die diese dann trotzdem noch ein wenig wahrer machen soll: mit ihren ewigen Glaubenskriegen gegen fremde Seligkeiten; mit ihrer ewigen Unterwürfigkeit gegenüber ihren machthungrigen Führern; mit ihrer ewigen Bereitschaft, sich ihr Ewiges Leben zu *verdienen* – und sei es, dass sie dafür töten oder sterben müssen. Und warum auch nicht? Sie, die Frommen, müssen sich ja nicht fürchten: Ein Mensch, der dieses Leben nur als Vorspiel für ein anderes betrachtet, zieht leichten Herzens für seine Sache in den Krieg. Wie immer es ausgeht, er wird auf alle Fälle weiterleben – und zwar in einer Welt, die besser ist als diese. Und wir anderen brauchten ja nur ihren, den *wahren* Glauben anzunehmen.

Man fragt sich immer wieder, wie das Oberhaupt der katholischen Kirche es fertigbringt, seiner Gefolgschaft die künstliche Empfängnisverhütung zu verbieten, und warum der Abbruch einer Schwangerschaft eine Todsünde ist, mit dem sich die Delinquentin in die Hölle katapultiert. Weiß dieser Papst denn nicht, dass Millionen dieser ungewollten Kinder mit Sicherheit verhungern? Ist sein Herz so verhärtet, dass ihn das nicht mehr rührt?

Auf die (außer krankhafter Machtgier) einzig mögliche Erklärung scheint heute schon keiner mehr zu kommen: dass nämlich der Papst der Katholiken das, was er seiner Gemeinde predigt, am Ende auch selber glauben könnte. Die Vorstellung, ein hochgebildeter, erwachsener Mann könne allen Ernstes mit einer Fortsetzung in einem Paradiese rechnen, ist für Außenstehende so wahnwitzig, dass sie diese nicht einmal in Betracht ziehen.

Angenommen jedoch, dieser Papst der Christen wäre tatsächlich ein Christ, dann würden für ihn diese kleinen Südamerikaner ja gar nicht des Hungers sterben: Wer ihnen ein – und sei es noch so kurzes, noch so elendes – Leben auf Erden verschafft, verschafft ihnen in Wirklichkeit ein endloses Dasein in Komfort. Hätte der Allmächtige seinen Sohn am Kreuze sterben lassen, wenn er danach tot gewesen wäre? Ausgeschlossen!

Und wegen solch abstruser Gedankengänge, wegen eines zweiten Lebens, das nur als Wahnvorstellung in den Köpfen Angstkranker existiert, muss das einzige Leben, das wir haben, in einer Hölle vor sich gehen. Wegen dieses Heeres von Überlebenshungrigen und der Zyniker, die sich ihre Schwäche zunutze machen, muss man heute genau wie seit Jahrhunderten mit dem Geld, das eigentlich dazu da wäre, die Menschen auf dieser Erde zu behausen und ihre Vermehrung in Grenzen zu halten, immer neue Kriegsmaschinerien finanzieren.

Wegen der Gottesfürchtigen müssen wir vor jeder Nachrichtensendung zittern: Welchen andersgläubigen Verein haben sie heute wieder angefallen? Was kann man tun, damit es einem nicht schon morgen ebenso ergeht? Soll man versuchen, sie rechtzeitig zu entmachten? Soll man vorsichtshalber zu ihrem Glauben übertreten? Soll man auf unparteiisch machen und versichern, dass einem ihr Allah so lieb ist wie der liebe Gott der Gegenseite? Unsertwegen können sie sich fünfzigmal am Tag gen Mekka neigen, können ihre Konkurrenten sich tausendmal so oft bekreuzigen – nur unseren Frieden sollen sie uns lassen!

Natürlich haben Kriege ihre Ursache nicht direkt in diesem Jenseitsdurst der Massen. Doch er ist mit schuld, dass Kriege möglich sind und dass Menschen sich dazu missbrauchen lassen. Im Konflikt gegen den Irak gab die iranische Führung ihren Kind-Soldaten Plastikschlüssel mit in die Schlacht: Im Fall ihres Todes sollten sie sich damit das Tor zum Paradies aufschließen.

Jeder religiöse Mensch ist eine potentielle Waffe – weiß man doch, dass machtgierige Potentaten ihre Völker am schnellsten und gründlichsten mobilisieren, wenn sie ihnen eine Bedrohung ihres Glaubens (oder auch nur ihrer *Glaubensvariante*) suggerieren. Armut und Rassismus kommen als Motivation zum Kämpfen erst in zweiter Linie. Wo sich die Kirchen gegen solche Manipulationen sperren, sind zumindest Angriffskriege nicht mehr möglich. Wo sie sich wirklich auf die Seite der Armen oder der unterdrückten Rasse schlagen, gibt es weniger Opfer. Wenn Rom das Verraten und Verfolgen von Juden als Todsünde gebrandmarkt und die evangelische Kirche Deutschlands zum Widerstand aufgerufen hätte, wäre Adolf Hitlers Karriere anders verlaufen: Im Zweifelsfall wäre nämlich dem deutschen Christen sein Ewiges Leben, näher gestanden als sein Tausendjähriges Reich. Doch wie sollte die christliche Kirche einem Volk beistehen, das zwei Jahrtausende früher der damaligen Gestapo den Sohn ihres Gottes ausgeliefert hat?

Den Judenmördern hat man bald nach dem Ende des Zweiten Weltkriegs die Absolution bis in die Gefängniszellen nachgetragen. Den Juden selbst wurde in gewissen Kreisen bis heute nicht vergeben: Obwohl bei arabischen Fanatikern die Auslöschung des Staates Israel an oberster Stelle steht und sie ihre Entschlossenheit in brutalen Angriffskriegen hinlänglich bewiesen haben, hat der Vatikan diese Arche Noah des jüdischen Volkes offiziell bis vor kurzem nicht anerkannt. Als im Golfkrieg die arabischen Raketen in das winzige Land einschlugen, hat der Papst die im fernen Sandkasten streitenden Kinder mit trauriger Stimme zum Wiederliebsein ermahnt. Die neudeutschen Giftgaslieferanten wurden sowenig an den Pranger gestellt wie die von damals. Wie jeder weiß, sind Gottes Wege wunderbar: Wer kann also schon sagen, welches Zeichen er uns mit dieser Duplizität der Ereignisse geben wollte? Und auch diese brennenden Ölfelder haben doch etwas zu bedeuten: Das Letzte Gefecht wird bald kommen, sagt uns der Herr, der Jüngste Tag rückt näher! Rettet eure Seelen, solange es noch Zeit ist – sonst wird man euch in ein Feuer werfen, das tausendmal schrecklicher ist!

Sicher, es gibt mehr oder weniger aggressive Religionen. Doch im Prinzip ist jede Religion und jede Ideologie gefährlich. Wer hätte gedacht, dass sich die wundervolle Lehre von der Nächstenliebe auch am Ende des zwanzigsten Jahrhunderts noch zum Anzetteln von Blutbädern gebrauchen ließe? In Nordirland hörte man sonntags, wie sehr man seinen Feind zu lieben hat, und montags ging man hin und legte ihm eine Bombe unters Auto... Und die als so vorbildlich pazifistisch gepriesenen Hindus stellen mit ihrem barbarischen Kastenwesen lediglich eine andere Variante des Wahnsinns dar: Weg da, ihr unberührbares Menschengesindel – hier kommt eine heilige Kuh!

Trotzdem soll bereits die Hälfte der westeuropäischen Jugend mit diesem Versprechen einer Ewigen Wiederkehr kokettieren: Mit der Eroberung des Weltraums wird der Glaube an die Zukunft als Engel zunehmend schwierig, und hier könnte man zumindest als Rindvieh weitermachen, nicht wahr?

Und neuer Fundamentalismus, wohin man sieht, einer beflügelt den andern. In Südamerika hat die katholische Kirche in den letzten Jahren vierzig Millionen Schafe an aufstrebende Sekten verloren, was natürlich ihren wiedererwachenden Bekehrungseifer zur Folge hat. Während in islamischen Städten die letzten unverschleierten Frauen aus dem Straßenbild verschwinden, erstarken in Israel die Falken. Und in den ehemals sozialistischen Ländern füllten sich nach dem Fall der Berliner Mauer die Kirchen, als hätten Marx und Engels – die ja letztlich dasselbe wie Maria und Jesus wollten – nie existiert. Seinerzeit, als die kommunistische Partei mächtig war, pflegte man zu sagen, der Kommunismus sei eben eine gutkonstruierte Religion und deshalb niemals zu Fall zu bringen. Jetzt, wo er gefallen ist, sagt man, er sei eine schlechtkonstruierte Wirtschaftslehre und darum von Anfang an zum Scheitern verurteilt gewesen. Tatsächlich ist der Marxismus-Leninismus wohl eine schlechtkonstruierte Religion gewesen: Im Unterschied zu Jesus von Nazareth hatten seine Erfinder es versäumt, ihrem Programm der totalen Nächstenliebe in einem zweiten Arbeitsgang (zu Beginn war ja gerade das atheistische Element ein verlockendes Novum) mit der Verheißung eines Lebens nach dem Tode zu verkoppeln. Denn für „Gottes Lohn“ liebt man seinen Nächsten nun einmal lieber als für ein sozialistisches Einheitsgehalt. Welcher irdische Arbeitnehmer könnte für ein paar Jahre „selbstloser“ Krankenpflege Ewigen Luxus bieten?

Zu unserer aller Glück war Adolf Hitler zu eitel, um einen noch Mächtigeren über sich zu dulden. Hätte er statt eines Tausendjährigen Reiches auf Erden eines im Himmel versprochen (Wodan als Schöpfer aller Germanen, Brunhilde als Jungfrau, die Walküren als Oberengel, Wagner als Zuständiger für Sphärenklänge und er selbst, Hitler, zum Selektionieren an der Pforte: seine Reinrassigen mit Eichenlaub grüßend, Juden und Zigeunern den Weg in ihr Ewiges Auschwitz weisend...), die Katastrophe hätte das Ende der Welt bedeutet.

Wie man eine „brauchbare“ Religion konstruiert, zeigen uns zur Zeit ausgerechnet die bisher gegen Andersgläubige so großzügigen Hindus: Denn unter dem Druck der übrigen Fundamentalismen beginnen nun auch sie, ihre Narretei in Gebote und Dogmen zu fixieren. Früher einmal schrieb man hier so herrlich tolerante Verse wie diesen:

„Aber wer weiß denn und wer kann sagen,
woher alles kam und wie die Schöpfung geschah?
Die Götter selbst sind später als die Schöpfung,
wer also weiß wirklich, woher sie kam?
Wo alle Schöpfung ihren Ursprung hatte,
er, ob er sie jetzt gemacht hat oder nicht,
er, der alles überwacht vom höchsten Himmel aus,
er weiß – oder vielleicht weiß auch er es nicht.“[7]

Heute sind die aggressiven Führer des Welt-Hindu-Rates damit beschäftigt, aus dem Glaubensgut der hinduistischen Mehrheit eine

---

[7] aus dem Rigveda

ideologische Rüstung anzufertigen, die den Vormarsch des Islam vereitelt: Ram, die siebte Inkarnation des Gottes Vishnu, wurde von ihnen zum Propheten auserkoren, seine Geburtsstadt Ayodhya zum hinduistischen Mekka promoviert. Ohne jeden archäologischen Beweis wurde just die Stelle, an der sich seit Jahrhunderten eine Moschee befindet, als Geburtsort Rams identifiziert und behauptet, dass ein Ram-Tempel, der dort gestanden habe, vom islamischen Herrscher Babur vernichtet worden sei.

Die Generalprobe verlief nach Wunsch: Dem Aufruf der Ideologen, an der Stelle der Moschee wieder einen Ram-Tempel zu errichten, sind im Herbst 1991 Zehntausende frommer Hindus gefolgt. Beim Sturm auf die Moschee, die natürlich von frommen Moslems verteidigt wurde, und bei anschließenden Unruhen in ganz Nordindien kamen Hunderte ums Leben. So startet man eine religiöse Bewegung, die später zu Politisierungszwecken taugt!

Mit einer Steigerung unserer Lebenserwartung wird es also nichts – die einzig realistische Alternative zu ihren Wunschphantasien verbauen sich die künftigen Engel selber. Man ist heute schon dankbar, wenn die Welt der Missionierungswut ihrer Bewohner noch ein paar Jahrzehnte lang widersteht.

„Wenn Gott nicht existierte, so wäre alles erlaubt", heißt jener berühmte Satz Dostojewskis. In Wirklichkeit sind es leider die Gottesfürchtigen, die sich alles erlauben. Und dies stets im Namen ihres Herrn.

Verhaltenstherapie

Bleibt also die Angst. Die kalte Todesangst derer, denen die Gnade religiösen Wahnsinns verwehrt geblieben ist und die nun damit rechnen, nicht nur viel zu früh, sondern auch bei klarem Bewusstsein gehen zu müssen. Denn in ihrem Fall gibt es ja keine Narkose – im Gegensatz zum Frommen stirbt der Ungläubige bei lebendigem Leib. Vor allem den Privilegierten unter den Gottlosen wird (ausgleichende Gerechtigkeit?) die Vorstellung des unabwendbaren Hinauswurfs quälen. Je mehr einer vom Zufall begünstigt ist, desto mehr ist er ja geneigt, sich für einen wichtigen Gast zu halten: *Ich* soll gehen? Das ist doch nicht Ihr Ernst? Wie soll diese Veranstaltung denn ohne mich laufen?

Daher die naheliegende Frage: Gäbe es eine nichtreligiöse Möglichkeit, sich über die Gewissheit des eigenen Verlöschens hinwegzutrösten? Lässt sich etwas denken, das einem selbst hilft, ohne zugleich all jene, die nicht dasselbe denken, in Lebensgefahr zu bringen?

Ein nicht von Religiösem bestimmtes Denken wäre etwa Wissenschaft oder Philosophie. Von der einzigen wissenschaftlichen Möglichkeit der Angstbekämpfung – dem Hinwirken auf eine höhere Lebenserwartung – haben wir gesprochen. Die philosophischen Kampfarten sind so zahlreich wie die Philosophen, die wir kennen – versucht doch letzten Endes jeder Denker, mit seiner Erklärung für das Funktionieren der Welt auf individualistische Art seine Angst vor dem Tode zu vertreiben.

Wie wir sagten, kommt es leider meist zum Anschluss an irgendeine Variante öffentlicher Meinung: Von der Unsterblichkeit der Seele bis zur Wiedergeburt als Vogel – auch dieser Verzweifelte schluckt schließlich jede ideologische Pille, die sein Gehirn am Ausmalen seines Verschwindens hindert.

Natürlich wird der eine oder andere auch zu wirklichen Drogen greifen: Die Religion ist das Opium fürs Volk, das Opium die Religion für den Einzelgänger. Da die Rauschgiftsüchtigen für den Fortbestand der Menschheit weit weniger gefährlich sind als die Frommen, könnte der Konsum solcher Mittel eine brauchbare Alternative zum Kirchgang sein. Leider miniert er zugleich die Gesundheit: Der Hinauswurf, vor dem man so panische Angst empfindet, kommt dank der glücklichmachenden Pharmaka nur noch viel schneller.

Dennoch ist im Lauf der Jahrhunderte auch für den verängstigten Individualisten der eine oder andere Trostkrümel von den Tischen der großen Denker gefallen. Wobei es sich bei dieser Hinterlassenschaft eigentlich weniger um tröstliche Gedanken als um antike

Formen der Verhaltenstherapie handelt: Die Angst vor dem Sterben wird in dem Maß bekämpft, wie sie in Erscheinung tritt. Am populärsten sind unter den zeitgenössischen „Atheisten“ wohl die Therapievorschläge des lebenslustigen Griechen Epikur, die des indischen Fürstensohnes Buddha und schließlich die jenes abstrusen Vereins, der sich den Namen Stoa gab.

Epikureismus

In einem weiteren seiner wundervollen Briefe an Schüler, jenem an Menoikeus, schlägt Epikur folgendes Mittel gegen die Todesangst vor: „Gewöhne dich an den grundlegenden Gedanken, dass der Tod für uns ein Nichts ist. Denn alles Gute und alles Schlimme beruht darauf, dass wir es empfinden. Verlust aber dieser Empfindung ist der Tod. Deshalb macht die rechte Erkenntnis, dass der Tod für uns ein Nichts ist, die Sterblichkeit des Lebens zu einer Freude; sie fügt nicht nach dem Tode eine grenzenlose Zeit hinzu, sondern tilgt in uns die Sehnsucht nach der Unsterblichkeit. Für den, der recht begriffen hat, dass es im Nichtleben nichts Schreckliches gibt, für den gibt es ja auch im Leben nichts Schreckliches. Daher ist ein Tor, wer da erklärt, er fürchte den Tod nicht deswegen, weil er Leid zufügen werde, wenn er da sei, sondern weil er Leid zufüge, da er bevorstehe. Es ist unsinnig zu glauben, was nicht beunruhige, wenn es da sei, werde Leid zufügen, weil es zu erwarten sei.“

Der Ausweg klingt auf den ersten Blick bestechend: Wenn ich bin, ist mein Tod nicht, wenn mein Tod ist, bin ich nicht – was geht mich mein Tod also an? Doch das ist es ja, was gerade dem Lebenslustigen – ansonsten diesem zum Glück talentierten Griechen so Verbundenen – Angst macht: dass er nicht mehr da sein wird; dass das Fest ohne ihn weitergeht; dass wohl sein Tod ist, aber nicht er.

Vor der Empfindungslosigkeit des Totseins hat sich wohl tatsächlich noch keiner von uns groß gefürchtet – man fürchtet sich ja auch nicht vor dem Schlaf. Auch die physischen Schmerzen des Sterbevorgangs ängstigen uns nicht mehr als nötig. Hier trifft dann ja eine andere epikureische Weisheit zu: „Jeder Schmerz ist leicht zu verachten – bringt er schweres Leiden, so dauert er nur kurze Zeit, sitzt er lange Zeit im Fleische, dann ist das Leid gering." Uns geht es allein darum, noch ein bisschen bleiben zu dürfen. Wenigstens ein Weilchen möchten wir noch unter den Empfindsamen, den Lebendigen sein. Dass man danach *für immer* auf alles zu verzichten hat, was man liebt, dass es dann *nie mehr* etwas Neues gibt – kein Gesicht, keinen Gedanken, keine Musik, keine Speise –, das ist es, was uns zu schaffen macht. Wie hat gerade ein Genießer wie Epikur sich mit solcher Leichtigkeit mit dieser monströsen Vorstellung abfinden können? Konnte er es wirklich? Erinnern seine starken Sprüche nicht an das Pfeifen eines tapferen kleinen Jungen, den man in einen dunklen Keller geschickt hat? Würde einer, den sein Tod so gleichgültig lässt, soviel darüber reden? Denn sobald man über seine Worte nachdenkt, helfen sie auch schon nicht mehr: Die Einsicht, dass die Angst vor dem Tod die Freude am Leben ruiniert, hat nicht genug Schlagkraft, um sie zu vertreiben.

Buddhismus

Dass der Buddhismus offiziell als Religion geführt wird, liegt daran, dass er so viele Anhänger hat. Genau genommen ist er das Gegenteil von Götterglaube: Es gibt keine ewigen und unvergänglichen Substanzen – weder Materie noch Seele, weder einen persönlichen Weltenherrn noch unpersönliches Absolutes. Im Buddhismus kann die Erlösung also nicht von einer übergeordneten Macht her kommen, sondern von dem, der ihn praktiziert – er ist, auch nach eigener Definition, eine „Selbsterlösungslehre".

Außerdem ist dem Buddhisten die Zugehörigkeit zu anderen Religionen nicht verboten – wer wünscht, kann zugleich Christ, Moslem oder Zeuge Jehovas sein. Aber welcher Buddhist wird das schon wünschen? Welcher rechte Buddhist – und dies wäre ein Praktikant der reinen Lehre – wünscht sich überhaupt etwas? Denn das sind die „vier edlen Wahrheiten", auf denen diese Lehre beruht:

> Alles Leben ist Leiden.
>
> Die Ursache des Leidens sind die Begierden, wozu auch der Lebensdurst gehört.
>
> Die Aufhebung des Leidens ist daher nur durch Sichlösen von allen Begierden – also auch vom Lebensdurst – möglich.
>
> An deren Stelle tritt der „achtteilige Pfad“: rechte Anschauung und Gesinnung, rechtes Reden, Handeln, Leben, Streben, Überdenken und Sichversenken. Die Belohnung ist *die endgültige Befreiung vom Lebenmüssen* – das Nirwana.

Ist es ein Wunder, dass dieses Paradoxon gerade unter den so verängstigten westlichen Intellektuellen immer mehr Anhänger findet? Das, was sie bisher als das Bitterste empfanden, das Sterbenmüssen, wird hier plötzlich als das Erstrebenswerteste eingestuft. Denn ob man es nun Tod nennt oder Nirwana – beides läuft auf jenes endgültige Verlöschen hinaus, vor dem sie sich so fürchten.[8]

Zudem werden dem Patienten bei dieser Angsttherapie seit Jahrhunderten erprobte und daher unmissverständliche Anweisungen für die ambulante Behandlung mitgegeben. Um ein rechter Buddhist zu werden, muss man üben, und zwar täglich – allein das Erlernen der Kunst des „rechten Sichversenkens“ kann den Schüler jahrelang in Atem halten. Wenn man ihm jedoch glauben soll, wird bei genauem Befolgen des Lehrplans das Klassenziel zu hundert Prozent erreicht: Eines schönen Tages ist die Angst vor dem Sterben tot.

Wie ließe sich diese Therapieform also bewerten? Zunächst einmal positiv: Da der Buddhist weder Begierden hat noch Ansprüche stellt, will er auch nichts von den übrigen Menschen. Seit dem 18. Jahrhundert, als sich in Tibet die verschiedenen Schulen auch

---

[8] Natürlich wurde auch diese Lehre bald einmal pervertiert: Im Amida-Buddhismus, der z.B. in Japan populärsten Variante, wird vom Nirwana bereits wie von einem persönlichen Heilsparadies gesprochen, in das man nicht mehr aus eigener Kraft, sondern im Vertrauen auf die Verheißung Buddhas gelangt.

militärisch bekämpft hatten, hat es im Namen dieser Lehre weder Kriege noch Verfolgung Andersdenkender gegeben. Vom theistischen Standpunkt sind diese Ungläubigen also ein Segen Gottes, vom atheistischen darf man sagen, dass es auf dieser Erde gar nicht genug von ihnen geben kann. Doch wie sieht es bei philosophischer und medizinischer Betrachtung aus? Welchen Preis hat hier der Patient für eine erfolgreiche Behandlung zu entrichten? Wenn wir bei unserem Bild bleiben und davon ausgehen, dass das Leben ein Fest ist – mit allen Vor- und Nachteilen, die eine so massenhaft besuchte und miserabel organisierte Veranstaltung haben muss –, kommen wir zum Schluss, dass dem Anhänger dieser Lehre der Abschied nur darum so leicht fällt, weil man es ihm systematisch vermiest. Ein Dasein, das einem nur Leiden beschert, will man nicht eine Minute länger ertragen, als es nötig ist: Das wäre ja Masochismus!

Die Angstfreiheit des Buddhisten ist also letzten Endes mit einem abstrusen Selbstbetrug erkauft. Falls nämlich das Leben tatsächlich nur aus Leid und Qual bestünde, wie die erste seiner „edlen Wahrheiten“ verkündet, wäre damit auch die ganze Lehre überflüssig. Denn in diesem Fall hätte dann keiner von uns Angst vor dem Sterben – die gesamte Menschheit wäre eine buddhistische Gemeinde, die sich nach ihrem Nirwana sehnt. Die chronisch Depressiven zeigen uns, wie man das macht.

Der Erfolg der buddhistischen Therapie beruht also darauf, dass man dem Patienten nur die halbe Wahrheit sagt. Denn in der Regel besteht unser Leben ja nicht nur aus Leid, sondern auch aus Freude, neben den unglücklichen Tagen gibt es auch die zufriedenen, und von unseren zugegebenermaßen viel zu vielen Sehnsüchten und Begierden geht zuweilen auch die eine oder andere in Erfüllung, was uns dann zumindest vorübergehend glücklich macht. Dass wir dieses Glück manchmal mit dem Unglück eines anderen erkaufen, steht auf einem andern Blatt – dies ist nicht der Punkt, um den es dem Buddhisten geht. Außerdem ist gerade das Ziel der Begierdenlosigkeit bei ihm nicht verwirklicht: Im Buddhismus werden lediglich seine unzähligen kleinen und mittleren Begierden einer einzigen großen zum Opfer gebracht – der nach Befreiung von der Todesangst. Und dies wird erreicht, indem man alles übrige Streben als unheilbringend klassifiziert. „Schön ist eigentlich alles, was mit Sehnsucht zu tun hat“, schrieb der deutsche Dichter Christian Morgenstern. Von dieser Erkenntnis lebt auch die internationale Werbeindustrie. Den Buddhisten könnte keine Werbung mehr erreichen – für ihn ist nur noch das eigene Verlöschen schön.

Vergleichend lässt sich also sagen: Die Schwäche der Therapie des Griechen Epikur liegt darin, dass sie uns die schlechten Seiten des Festes unterschlägt. Indem man uns dazu anhält, jeden Augenblick nach bestem Können zu genießen, gefällt es uns mit der Zeit auch tatsächlich immer besser. Und gerade darum haben wir dann auch mit dem Hinauswurf immer mehr Probleme. Das Manko der vom indischen Fürstensohn (und späteren Buddha) Gautama Siddharta lancierten Heilmethode besteht darin, dass sie uns die guten Seiten der Veranstaltung vorenthält. Indem man uns beibringt, jeden Augenblick als leidvoll einzustufen, gefällt es uns mit der Zeit auch wirklich immer weniger. Mit dem Hinauswurf gibt es also kein Problem – nur hat man leider über dieser zeitraubenden Vorbereitung auf das letzte Stündchen auch das ganze Vergnügen versäumt.

Diesen Nachteil haben natürlich auch die wirklichen Religionen. Nur dass es dort wenigstens das Versprechen einer Freude gibt und hier nur das Nirwana.

Stoizismus

„Lasst uns den Anstand von verwundeten Tieren haben, die sich in einen Winkel verkriechen und stumm bleiben. Die Welt ist voll von Leuten, die gegen die Vorsehung wettern. Man muss es nur schon der guten Manieren wegen vermeiden, sich so zu benehmen wie sie.“ Die Sätze stammen von Flaubert,[9] und die Haltung, die er anpreist, wird landläufig als die des Stoikers bezeichnet: Gelassen-

---

9 Julian Barnes: Flauberts Papagei. Zürich 1987

heit vor dem Abgrund, Gleichmut angesichts der Katastrophe, Ruhe inmitten des Sturms. Der Stoiker ist der Tormann, der den Elfmeter nicht mehr fürchtet: Wie immer das Spiel ausgeht, es ist ihm recht.

Doch Stoizismus ist mehr als ein Nervenbewahren angesichts dessen, was ohnehin unvermeidbar ist. Dem echten Anhänger dieser Schule wird es zuerst einmal um seine Unabhängigkeit von den äußeren Umständen gehen – hinter seiner vielbewunderten Haltung steht die vielleicht radikalste Freiheitslehre in der Geschichte der Philosophie. In der Praxis allerdings handelt es sich natürlich wiederum um ein Abtrainieren von Begierden und um Selbsterziehung zur Wunschlosigkeit. Doch nicht, weil dies, wie im Buddhismus, dem begehrten Nirwana näher bringt, sondern weil eine Abhängigkeit von Wunscherfüllung das Ende der persönlichen Freiheit sein muss: Man kann nicht zugleich etwas wünschen und frei sein.

Folgerichtig ist für den Stoiker alles, was auf der Welt geschieht, notwendig und vernünftig. Wer sich dagegen auflehnt, indem er Lust nach anderem verspürt, handelt sich nur Unglück ein. Denn „Glückseligkeit“ ist in diesem philosophischen System identisch mit Selbstbestimmung über die eigene Person – und diese erreicht man durch Abwesenheit von Leidenschaft und Gleichgültigkeit gegenüber äußeren Gütern. Der Stoiker ist frei, weil er nur besitzen will, was er hat, und nur erleben möchte, was ohnehin passiert.

Wenn nach dieser Wertskala jedes Wünschen eine Schwäche ist – welche wäre dann die größte Schwäche von allen? Zweifellos das Verlangen nach Ewigem Leben, weil hier die Vergeblichkeit des Wünschens am augenfälligsten ist. Wenn hier jede Abhängigkeit Unglück bedeutet – welche wäre dann die Tat, die am glücklichsten macht? Selbstverständlich der Freitod, weil er der vollendete Beweis freien Willens ist.

Und natürlich wird der wahre Stoiker sein Ende nicht fürchten. In der somatischen Medizin arbeitet man zuweilen mit der umstrittenen Methode des „Fixier-Abszesses“: Um den Patienten von seinem eigentlichen Problem abzulenken, legt man an anderer Stelle seines Körpers einen künstlichen Eiterherd an, der seine

Aufmerksamkeit auf einen anderen Schmerz fixiert. Diesem Vorgehen entspräche in der Psychotherapie die Methode des Stoizismus: Indem man Freiheit über Leben stellt, nimmt man dem Patienten seine Angst vor dem Tod.

Wäre der maßvoll praktizierte Stoizismus demnach eine Haltung, die auch das *natürliche* Sterben – zumindest in Maßen – erleichtern kann?

Nicht für einen Schriftsteller wie Flaubert, der ja schon aus beruflichen Gründen nicht auf seine Emotionen verzichten konnte. Ohne leidenschaftliche Sehnsucht nach einer anderen, wenn auch selbsterfundenen Welt wird einer kein Buch schreiben wollen, ohne Sensibilität wird er es nicht schreiben können. Und auch auf seine Ängste ist man hier in höchstem Maße angewiesen. Wo sie ausbleiben, hilft man ein bisschen nach – beginnt eine verbotene Liaison, um sich vor der Entdeckung zu fürchten, wagt sich an ein neues Thema, damit die Furcht vor dem Urteil des Lesers wiederkehrt. Das Jammern kann ein Flaubert sich also angesichts des kommenden Desasters wohl verbieten, nicht jedoch die panische Furcht, die er davor hat – hier nützen auch „gute Manieren" nichts.

Wenn aber der Stoizismus jenen nicht hilft, die sich am meisten ängstigen – den Phantasievollen, Sensiblen –, wem hilft er dann? Eigentlich wohl keinem. Und dieses ist sicher einer der Gründe, weshalb das Wort „stoisch" nach dem Dahinscheiden des prominentesten Befürworters dieser Schule, des römischen Kaisers Marc Aurel, zur Umschreibung für eine bestimmte Attitüde verkommen ist. Stoizismus wird einem häufig vorgespielt, gelebt wird er selten. Wohl auch schon darum, weil ihm als höchste Vollendung der Freitod gilt.

Der zweite Grund liegt darin, dass wir den hier für das Erreichen der Angstlosigkeit notwendigen Umweg über die Freiheit scheuen. Davon war bereits im Kapitel über die Einzelheiten des Ewigen Lebens die Rede: Wir kämpfen für die Freiheit, denn dieser Kampf gibt unserem Leben einen Sinn. Doch wenn sie dann wirklich einmal da ist, laufen wir davon – meist schnurstracks in die nächstbeste Bindung hinein.

Die philosophische Grundlage des Stoizismus – die Annahme, dass das menschliche Glück in der Freiheit liege – kann also nur ein Fehlschluss sein. Wenn uns Freiheit wirklich glücklich machte, würden wir anders leben. Gerade sensible, phantasievolle Menschen – jene also, die am meisten unter ihrer Angst vor dem Sterben leiden – fürchten den Mangel an Geborgenheit, der sich aus dem Ablehnen fester Bindungen ergibt. Kierkegaard nennt diesen erbarmungslosen Mechanismus „die Angst vor den Möglichkeiten" – seinetwegen fliehen wir immer wieder in Systeme, die uns Schutz „vor dem Entweder-Oder" versprechen. Frei und dennoch glücklich kann auf die Dauer also wohl nur ein Dummer sein. Denn hier gibt es weder überwältigende Gefühle abzutrainieren noch verzehrende Leidenschaften zu ersticken. Er, der Dumme, muss seine Emotionslosigkeit nicht spielen – sie gehört zu ihm wie sein Mangel an Phantasie. Auch hindern ihn seine zahlreichen Begierden nicht daran, sich als freien Menschen zu bezeichnen. Freiheit ist für ihn das Recht, sich Wünsche zu erfüllen, und Glück etwas, das von Anhäufen von Besitz kommt.

Der Furchtlose ist somit Stoiker von Natur, der Furchtsame will keiner werden. Diesen, den Intelligenten, ängstigt die Aussicht auf Freiheit nämlich beinah so sehr wie die auf den Tod.

Die vorgestellten Angsttherapien zusammenfassend, lässt sich also sagen:

> Der Epikureismus will uns lehren, den Tod zu ignorieren.
> Der Buddhismus will uns zeigen, wie man ihn idealisiert.
> Der Stoizismus will uns beibringen, anstatt seiner den Verlust der Freiheit zu fürchten.

Dem einen oder andern mag diese oder jene Methode zeitweilig helfen. Keine der drei kann uns auf vertretbare Weise von unserer Todesangst heilen.

Mut zur Angst

Die Angst vor dem Sterben, bleibt sie uns also erhalten? Ist dies eines jener Probleme, für die es keine Lösung gibt? Denn wenn weder Religion noch Philosophie geeignete Mittel dagegen sind und die Bekehrungswut der Fundamentalisten unsere Hoffnung auf ein langes Leben mehr und mehr zunichte macht – wie könnte man sie dann bekämpfen?

Vielleicht gibt es tatsächlich keine Lösung – vielleicht haben wir sie aber auch in der falschen Richtung gesucht?

Kehren wir ein letztes Mal zu unserer Vorstellung des Ewigen Lebens zurück. Wenn wir von Gottes nervtötender Gerechtigkeit einmal absehen – woran ist diese Idylle Punkt für Punkt gescheitert? Daran, dass man bei keiner der gebotenen Freuden ein Ende fürchten musste, nicht wahr? Dass einen keines der auch dort noch möglichen Abenteuer in eine echte Gefahr bringen könnte. Dass sich in einem Paradies wohl ein paar Nervenkitzel denken ließen, niemals aber *Angst.*

Diese *Abwesenheit von Angs*t ist der gemeinsame Nenner dessen, woran das Ewige Leben zerbricht. Wer sich nicht vor seinem Verschwinden fürchtet, sagten wir, könnte sich auch nicht seines Daseins freuen – wo es keinen Tod gibt, gibt es auch kein Leben.

Und dieses Gesetz hat natürlich auch für das irdische Leben zu gelten: Ohne die zeitliche Begrenztheit jeder seiner Freuden, ohne seine Bedrohtheit, seine Vergänglichkeit wäre es so unerträglich wie jenes überirdische, das wir uns zu didaktischen Zwecken ausgemalt haben. Wer sich mit frommem Hokuspokus eines Ewigen Lebens versichert, verliert also wohl seine Furcht vor dem Ende, schließt aber gleichzeitig einen Pakt gegen sich selbst. Denn während er nun auf dem Dach seine imaginäre Taube jagt, fliegt ihm im Parterre sein Spatz weg. Seine scheinbar so preiswerte Police hat ihn um seinen einzig wirklichen Besitz gebracht: Für die Illusion eines Lebens nach dem Tode zahlt man stets mit dem Leben.

Dies gilt natürlich auch für die Selbstversicherungspraktiken der Amateure. Für die, die ihre furchterregenden Gedanken mit Arbeit,

Alkohol und sonstigen Drogen vertreiben. Für die, die sich bei Astrologen und Kartenlegern eine gesicherte Zukunft kaufen. Für die, die sich ihre lästige Emotion mit Verhaltenstherapien abtrainieren. Wir haben gesehen, welchen Preis beispielsweise Stoiker und Buddhisten für ihre Gelassenheit zahlen. Und wie beim Epikureer nur darum soviel Lebenslust übrig bleibt, weil seine Technik wohl für ein Genießen des Lebens, nicht aber gegen die Angst vor dem Sterben taugt. Logischerweise tritt ja gerade hier dann das Gegenteil ein: Je mehr einer sein Leben zu genießen weiß, desto größer wird seine Furcht vor dem Ende. Denn sobald er seines Glückes gewahr wird, ist auch seine Angst zur Stelle: Schön, jetzt bist du glücklich – aber wie lang? Weißt du denn nicht, dass der tiefste Sturz der vom Gipfel ist?

„Wer des folgenden Tages am wenigsten bedarf, wird ihm am freudigsten entgegensehen“, will uns Epikur lehren. In der Praxis freut sich aber der Genießer am meisten auf den folgenden Tag, bedarf seiner der Genießer am meisten: Nur noch diesen einen Tag! Nur noch dieses eine Jahr! Warum werft ihr ausgerechnet mich hinaus? Nehmt doch einen von den Gelangweilten da!

Besteht die Lösung des Problems also darin, dass man lernt, *auch seine Angst zu genießen*? Das wäre wohl zuviel verlangt: Angst ist Angst und daher auf keinen Fall etwas, das sich genießen ließe. Doch vielleicht könnte man lernen, sich ein wenig mit ihr anzufreunden? Sich zu sagen, dass sie unsere Eintrittskarte zum Glück ist? Und dass der Preis für diese in der Regel so kurze Seligkeit auf jeden Fall geringer ist als der, den der Fromme für seine Ewige zahlt?

Denn trotz gegenteiliger Propaganda der Religiösen müssten es nach allem Gesagten die Ungläubigen sein, die auf dieser Welt glücklich werden – wenigstens hin und wieder. Seinen „Gott“ für eine knappe Weile in einem ganz und gar unvollkommenen Menschen zu finden, ist auch schon alles, womit man hier vernünftigerweise rechnen kann. Doch letztlich bringt dieses System zeitlich begrenzter Privatreligionen immer noch mehr als das, was den im Kollektiv betenden Frommen erwartet. Nach menschlichem Ermessen (wer ein anderes kennt, möge sich melden) wird sein Unsichtbarer sich auch in Zukunft nicht zeigen – sein Warten auf den Messias war so sinnvoll wie jenes auf Godot. Und seine Versicherung gegen die Angst vor dem Abschied ist letztlich eine gegen die Herrlichkeiten des Hierseins gewesen.

Mut zur Angst scheint also unser einziger Ausweg zu sein. *Anerkennung der Realitäten* und ein bisschen mehr *Zivilcourage* unsere einzig brauchbaren Waffen. Dem Unfassbaren ins Auge sehen und sagen: „So ist es, und so werd' ich's nehmen", dies ist auch schon der ganze Handlungsspielraum, der uns bleibt. Alles andere würde es nur noch verschlimmern.

Denn die Lösung des Problems Todesangst bestünde wohl darin, dass man endlich aufhörte, sie zu suchen. Wer seine Angst vor dem Tod mit dem Glauben an ein Ewiges Leben vertreibt, vertreibt zugleich seine Lebensfreude: Auf einem Fest, das niemals zu Ende geht, möchte man auch nicht tanzen.

Und was das Glück betrifft, so käme es niemals von Furchtlosigkeit vor dem denkbar Schlimmsten. Es ist die Prämie dafür, dass wir uns so wahnsinnig davor fürchten.

Der Lohn der Angst.

Nachwort

Pascals Irrtum – Warum man nicht auf das ewige Leben wetten sollte

Von Michael Schmidt-Salomon

Der französische Mathematiker, Physiker und Philosoph Blaise Pascal (1623-1662) war überzeugt, dass es sich lohne, auf Gott zu setzen, auch wenn dessen Existenz nicht zu beweisen sei. Seine Argumentation, die als „Pascalsche Wette" in die Philosophiegeschichte einging, beruhte auf der Analyse der folgenden vier Gewinn-und-Verlust-Konstellationen, welche sich nach Ansicht Pascals für Gläubige und Ungläubige ergeben:

Konstellation Nr. 1: Man glaubt an Gott und dieser existiert tatsächlich. In diesem Fall wird der individuelle Glaube durch ewige Glückseligkeit im Himmel belohnt, man gewinnt also gewissermaßen den Jackpot im Jenseits (ergo: ein Pluspunkt für den Glauben). *Konstellation Nr. 2*: Man glaubt an Gott, aber dieser existiert nicht. Bei dieser Konstellation hätte man sich zwar geirrt, doch würde man dadurch nichts verlieren (weder Plus noch Minus). *Konstellation Nr. 3*: Man glaubt nicht an Gott und dieser existiert tatsächlich nicht. Hier hätte man mit seiner Einschätzung zwar richtig gelegen, aber als Toter hätte man rein gar nichts davon (auch hier: weder Plus noch Minus). *Konstellation Nr. 4*: Man glaubt nicht an Gott, aber dieser existiert doch. In diesem Fall hätte man die große Verliererkarte gezogen, denn für einen solch ungebührlichen Unglauben würde man, da war sich der bibelfeste Pascal sicher, mit ewigen Höllenqualen bestraft (ein dicker Minuspunkt für den Unglauben).

Insgesamt ergibt sich also eine recht betrübliche Bilanz für Freigeister, schließlich geht aus Pascals Rechenexempel eindeutig hervor, dass der Gläubige gegenüber dem Ungläubigen bezüglich der Gewinn-und-Verlust-Erwartungen einen soliden 2:0-Vorsprung (bzw. 1:-1) besitzt. Von daher kann man es Pascal nicht einmal verdenken, dass er seinen Lesern empfahl, im irdischen Glaubensroulette alles auf Gott zu setzen, denn „wenn du gewinnst, gewinnst du alles, wenn du verlierst, verlierst du nichts. Glaube also, wenn du kannst."

Pascals Beweisführung beeindruckte viele Zeitgenossen. War dies nicht endlich, nach all den gescheiterten Gottesbeweisen, eine stichhaltige Argumentation für den Glauben? Nun, wenn man beide Augen zudrückt, mag das so erscheinen, doch wenn man etwas genauer hinschaut, erkennt man, dass sich Blaise Pascal, der brillante Mathematiker, bei dieser Wette heftig verrechnet hat.

Der Schlamassel beginnt schon bei der unzulänglichen Definition der Ausgangsbedingungen, die der Wette zugrunde liegen. Pascal setzte einfach voraus, dass man den entweder existierenden oder nicht-existierenden Gott mit dem Gottvater der traditionellen christlichen Überlieferung gleichsetzen müsse. Damit geriet seine Argumentation jedoch in eine logische Schieflage. Denn der christliche Gott ist bekanntlich nur eine von unzähligen Gottesvorstellungen, die unsere Spezies im Verlauf ihrer Geschichte entwickelt hat. Warum sollte ausgerechnet diese Gottesvorstellung richtig sein bzw. als Ausgangsbedingung für die Wette herangezogen werden?

Alternativ könnte man ebenso gut vom hinduistischen Polytheismus ausgehen, was zu einem 0:0-Unentschieden zwischen Christen und Ungläubigen führen würde. (Krishna dürfte es schließlich ziemlich schnuppe sein, ob man zeitlebens an die Auferstehung Jesu glaubte oder nicht!) Ja, man könnte sogar – und zwar mit dem gleichen Recht, mit dem Pascal die Existenz des christlichen Gottes voraussetzte! – die Existenz eines *radikal antichristlichen Gottes* postulieren, der sich einen Spaß daraus macht, Atheisten ins Himmelreich und Christen in die Hölle zu befördern.

Und schon dürften sich die Ungläubigen über einen soliden 2:0-Vorsprung gegenüber den Christen freuen!

Pascals Wette krankt allerdings nicht nur an ihrer logisch unschlüssigen Fixierung auf den christlichen Gott. Sie unterschlägt vor allem auch die Kosten, die durch den Glauben im irdischen Leben entstehen können. (Nur deshalb konnte Pascal behaupten, dass der Gläubige nichts verliere, wenn Gott nicht existiere.) Dabei liefert Pascals Leben selbst einen traurigen Beleg dafür, wie kostenintensiv der Gottesglaube im Extremfall sein kann. Denn der brillante Gelehrte hatte sich nach einem religiösen Erweckungserlebnis (vermutlich ausgelöst durch einen Kutschenunfall) im November 1654 zu einem fanatischen Frömmler und Asketen entwickelt. Er war so besessen von der Idee, dem Gekreuzigten nachzufolgen, dass er im „Siechtum" sogar den „Naturzustand eines Christen" zu erkennen glaubte, denn, so Pascal, „erst im Siechtum ist der Mensch so, wie er immer sein sollte".

Tragischerweise gehörte Blaise Pascal nicht zu jener Sorte von Christen, die öffentlich Wasser predigen und heimlich Wein saufen. Nein, er meinte es tödlich ernst! Nach Ansicht vieler Biographen dürfte Pascals streng asketische Lebensweise nicht unwesentlich zu seinem frühen Tod im Alter von 39 Jahren beigetragen haben. Friedrich Nietzsche kommentierte diese Tragödie zwei Jahrhunderte später mit deutlichen Worten: „Man soll es dem Christentum nie vergeben, dass es solche Menschen wie Pascal zugrunde gerichtet hat."

Wir sehen: Es gibt durchaus gute Gründe, die Kosten eines streng religiösen Lebens in die Wette mit einzubeziehen. Machen wir also die Probe aufs Exempel und rechnen dieses Mal zur Abwechslung mit drei Größen, nämlich a) den irdischen Kosten eines streng religiösen Glaubens im Stile Pascals, b) der Existenz/Nichtexistenz des christlichen Gottes sowie c) der gleichermaßen (un)wahrscheinlichen Existenz/Nichtexistenz des eben postulierten antichristlichen Gottes, der gläubige Christen schnurstracks in die Hölle verbannt. Ausgehend von diesen Ausgangsprämissen ergeben sich sechs neue Gewinn-und-Verlust-Konstellationen, die den wetteifrigen Pascal wohl ziemlich irritiert hätten:

Konstellation Nr. 1: Wir glauben an Pascals Gott und führen ein entsprechend asketisch-frommes Leben, jedoch stellt sich heraus, dass nicht dieser, sondern der antichristliche Gott existiert. Konsequenz: Wir haben nicht nur unser irdisches Leben verwirkt, sondern werden dafür auch noch postmortal in die Hölle geschickt (dumm gelaufen: zwei Minuspunkte für den christlichen Glauben). *Konstellation Nr. 2*: Wir leben im Sinne des Pascalschen Glaubens, doch es existiert weder der christliche noch der antichristliche Gott. Folge: Wir werden nach dem Tod nicht bestraft, haben aber aufgrund fehlerhafter Annahmen über das Jenseits unser irdisches Leben verwirkt (ein Minuspunkt für den christlichen Glauben). *Konstellation Nr. 3*: Wir folgen Pascals Ratschlag und es zeigt sich, dass der christliche Gott tatsächlich existiert. Ergebnis: Unsere Zeit auf Erden lebten wir im Jammertal, dafür genießen wir aber jetzt die Freuden des Himmels (ein Minuspunkt fürs Diesseits, ein Pluspunkt fürs Jenseits). In der Halbzeitpause unseres Gewinnspiels steht es somit 0:-3 bzw. 3:0 für die Ungläubigen. Schauen wir uns nun an, was in der zweiten Hälfte geschieht:

Konstellation Nr. 4: Wir folgen Pascals Ratschlag nicht und es stellt sich heraus, dass der antichristliche Gott existiert. Konsequenz: Wir hatten unseren Heidenspaß im Diesseits und kommen jenseitig dafür auch noch in den Himmel (Jackpot: zwei dicke Pluspunkte für den Unglauben!). *Konstellation Nr. 5*: Wir glauben nicht an Gott und tatsächlich existiert kein höheres Wesen, welcher Art auch immer. Folge: Wir hatten unseren Spaß im Diesseits und danach kommt nichts mehr (ein Pluspunkt für den Unglauben). *Konstellation Nr. 6*: Wir glauben nicht an Pascals Gott, allerdings stellt sich heraus, dass er doch existiert: Konsequenz: Wir haben unser irdische Leben gut gelebt, landen dafür aber in der Hölle (ein Pluspunkt fürs Diesseits, ein Minuspunkt fürs Jenseits). Das Endergebnis dieser alternativen Rechnung kann sich aus freigeistiger Sicht wahrlich sehen lassen, denn das Spiel endet nun mit 3:-3 oder 6:0 für die Ungläubigen – ein wahrer Triumph des Unglaubens! Wer hätte das gedacht? Pascal mit Sicherheit nicht…

Kehren wir nach dieser (zugegebenermaßen: etwas willkürlichen) Rechnung wieder zur Originalwette zurück (die freilich nicht weniger willkürlich war!): Für Pascal hatte die Münze, um die er wettete, zwei Seiten: Auf der einen Seite gab es ein universelles Gut, das es zu gewinnen galt (die ewige Glückseligkeit im Himmel), auf der anderen Seite ein universelles Übel, das unbedingt vermieden werden sollte (die ewigen Qualen der Hölle). Aus einem traditionell christlichen Verständnis heraus ist diese Sichtweise einleuchtend. Doch auch sie müsste kritisch überprüft werden. Fragen wir uns also: Wenn Himmel und Hölle tatsächlich im Pascalschen Sinne existierten, wäre dies wirklich ein guter Grund dafür, sich dem strengen, göttlichen Herrscher über Himmel und Hölle zu unterwerfen?

Vor einigen Jahren erlaubte ich mir den Spaß, dies einmal durchzuspielen. In *Stollbergs Inferno*, einem „philosophischen Groschenroman über die Hölle, die Revolte und das Absurde", schickte ich den fiktiven Religionskritiker Jan Stollberg, nachdem er gerade seinen dritten Herzinfarkt erlitten hatte, postwendend in die „Vorhölle der Todsünder", wo er unter anderem auf Feuerbach, Marx, Nietzsche, Adorno, Camus, Rosa Luxemburg und Simone de Beauvoir traf. Die Frage, die mich interessierte, war: Wie würden überzeugte Ungläubige reagieren, wenn sie entgegen aller vernünftigen Argumente nach ihrem Tode empirisch feststellen müssten, dass die Hölle tatsächlich existierte? Würden sie zu Kreuze kriechen und brav ihre Gebetchen aufsagen, um auf diese Weise in den Himmel zu gelangen, während der Rest der Menschheit im ewigen Feuer gebraten wird?

Diese Option empfand ich nicht als sonderlich einleuchtend. Warum auch sollte man sich ein Leben lang gegen Unterdrücker zur Wehr setzen und dann postmortal mit fliegenden Fahnen zur Gegenseite überlaufen? Statt sich zu Kollaborateuren des Grauens zu machen, darf man erwarten, dass sich kritische Geister auch im fiktiven Jenseits gegen offensichtlich grausame Diktatoren auflehnen. Und genau dies geschieht in *Stollbergs Inferno*: Nietzsche, Marx & Co. setzen alles in Bewegung, um Bakunins Credo „Wenn Gott existierte, müsste man ihn beseitigen!" in die Tat umzusetzen.

Was ich mit dem Buch zeigen wollte, war und ist Folgendes: Die Höllenandrohung, die Pascal als schlagkräftiges Argument *für* den Glauben wertete, liefert im Grunde das beste Argument *gegen* einen solchen Glauben! Denn einer Religion, die mit ewigem Höllenfeuer droht, kann und darf sich ein ethisch denkender Mensch nicht unterwerfen! Im Gegenteil: Er muss sich gegen solche Barbarei zur Wehr setzen – im Notfall (mit dem wir freilich nicht rechnen müssen!) sogar über den Tod hinaus…

Pascals erste Trumpfkarte, die Androhung ewiger Höllenqualen, vermag uns also nicht wirklich zu beeindrucken. Doch wie steht es um seine zweite Trumpfkarte, das Versprechen ewiger Glückseligkeit im Himmel?

Eine Zeit lang spielte ich mit dem Gedanken, auf *Stollbergs Inferno* einen Nachfolgeroman mit dem Titel *Hannahs Himmelreich* folgen zu lassen. Eine Idee, die ich jedoch sehr bald wieder fallen ließ, denn was, um alles in der Welt, sollte Hannah im Himmel schon Aufregendes erleben?! Ein Buch mit einem solchen Sujet, dachte ich, würde jeden Leser zu Tode langweilen. Umso überraschter und erfreuter war ich daher, als mir Esther Vilars grandioser Text über die „Schrecken des Paradieses" in die Hände fiel!

Esther Vilar ist das Kunststück gelungen, ein wahrhaft mitreißendes Buch über das *langweiligste Thema der Welt* zu schreiben: *das ewige Leben.* Man muss einfach gelesen haben, welch pikante Details sie über das Sexualverhalten der Engel, über Familienzusammenführungen im Jenseits oder die Möglichkeiten himmlischer Freizeitgestaltung zutage fördert – allesamt Themen, die von Theologen bislang sträflichst vernachlässigt wurden! Nach der Lektüre dieses wunderbar klugen, herzerfrischend komischen, mitunter aber auch tief melancholischen Buchs ist dem Leser klar: Wenn er – entgegen aller Wahrscheinlichkeit – je in die Zwangslage kommen sollte, zur Rechten Gottes zu sitzen, würde er spätestens nach 1000 Jahren himmlischer Langeweile auf Knien darum bitten, endlich vom zermürbenden Fluch der Unsterblichkeit erlöst zu werden! Die letzte Trumpfkarte des Christentums, das ewige Leben, entpuppt sich bei genauerer Betrachtung als „Schwarzer Peter".

Nun wäre Esther Vilar nicht die konsequente Querdenkerin, die sie ist, wenn sie dabei stehen bleiben würde, die religiöse Fiktion eines ewigen Lebens auf ihre eigene, unwiderstehliche Weise madig zu machen. Sie stellt sich vielmehr mit der gleichen Schonungslosigkeit, mit der sie die frommen Jenseitsillusionen zerpflückt, der nüchternen Erkenntnis, die aus der endgültigen Absage an den Himmel resultiert: Wir alle werden, ob wir es wollen oder nicht, in nicht allzu ferner Zukunft dem finalen Zersetzungsprozess unterworfen sein, wir sind sozusagen *Kadaver in spe* – „und es kommt nichts nachher" (Bert Brecht). Dieses beängstigende Faktum gilt es produktiv zu verarbeiten, statt sich in irreale Welten fort zu lügen.

„Mut zur Angst" lautet daher die Überschrift des letzten Kapitels dieses Buchs. In ihm entdeckt Esther Vilar gewissermaßen den „Stein der Weisen": *den Grabstein.* Doch bei Vilar resultiert hieraus kein magenbitterer Pessimismus, sondern – in bester epikureischer Tradition – eine Liebeserklärung an das Leben. Denn nur wer die Unausweichlichkeit des Todes akzeptiert, der versteht in vollem Umfang, wie kostbar dieses *eine* Leben ist, das uns zur Verfügung steht! Machen wir uns also nichts vor: Unser Leben ist und bleibt ein *einmaliges* Gastspiel. Wer wider besseres Wissen auf eine Verlängerung im Jenseits (Paradiesglaube) oder auf eine Fülle von Wiederholungspartien in der Zukunft (Reinkarnationsglaube) hofft, der läuft Gefahr, das Wesentliche zu verpassen.

Wie man es auch dreht und wendet: Pascal hat seine Wette verloren! Doch sein Verlust bedeutet einen enormen Gewinn für das Leben – für das einzige Leben, das uns sicher ist: jene viel zu schnell an uns vorbeiziehende Chance auf Lust und Liebe, Freundschaft und Glück im Hier und Jetzt. Wer die „Schrecken des Paradieses" verstanden hat, wird nicht zögern, diese Chance zu nutzen: *Carpe diem.*

Veröffentlichungen von Esther Vilar

Prosa

Der dressierte Mann (Streitschrift). München: Bertelsmann 1971

Die Lust an der Unfreiheit (Essay). München: Caann 1971

Das polygame Geschlecht (Essay). München: Caann 1974

Das Ende der Dressur (Essay). München: Droemer 1977

Die Fünf-Stunden-Gesellschaft (Wirtschaftsmodell). München: Langen Müller/Herbig 1978

ALT. Manifest gegen die Herrschaft der Jungen (Streitschrift). München: Langen Müller/Herbig 1980

Bitte keinen Mozart (Wirtschaftsbuch für Kinder). München: Langen Müller/Herbig 1981

Die Antrittsrede der amerikanischen Päpstin (Religious fiction). München: Langen Müller/Herbig 1982

Die Mathematik der Nina Gluckstein (Novelle). München: Scherz 1985

Der betörende Glanz der Dummheit (Essay). Düsseldorf/Wien/New York: Econ 1987

Rositas Haut (Roman). Düsseldorf/Wien/New York: Econ 1990

Die 25-Stunden-Woche. Arbeit und Freizeit in einem Europa der Zukunft. Düsseldorf/Wien/New York: Econ 1990

Die Erziehung der Engel (Essay; Bühnenstück). Düsseldorf/Wien/New York: Econ 1992

Heiraten ist unmoralisch (Essay). Bergisch Gladbach: Gustav Lübbe 1994

Katholikinnen aller Länder, vereinigt Euch! (Streitschrift). Bergisch Gladbach: Gustav Lübbe 1995

Denkverbote (Essay). Bergisch Gladbach: Gustav Lübbe 1998

Reden und Schweigen in Palermo (Erotik-Thriller). Tübingen: Konkursbuch Verlag 2008

Bühnenstücke

Helmer im Puppenheim
Liebeslied für einen ruhelosen Mann
Die amerikanische Päpstin
Die Mathematik der Liebe
Die Strategie der Schmetterlinge
Rothschilds Nachbar
Stundenplan einer Rache
Die Erziehung der Engel
Das Lächeln des Barrakuda
Tee in Richmond
Der Tangotänzer
Reisen mit Lady Astor
Tennis
Carmen
(sämtlich im Per H. Lauke Verlag, München)

Michael Schmidt-Salomon

Stollbergs Inferno

Roman

ISBN 3-86569-049-1, 241 Seiten, kartoniert, Euro 16.-

Der Religionskritiker Jan Stollberg stirbt während einer Vorlesung und findet sich, zu seinem maßlosen Erstaunen und Entsetzen, in der christlichen Vorhölle wieder, die tatsächlich so aussieht, wie die katholische Kirche es seit Jahrhunderten predigt. Wie er sind dort alle Philosophen gefangen, die aufklärerisches Gedankengut vertreten haben, von Immanuel Kant bis Friedrich Nietzsche, von Karl Marx bis Albert Camus. Der unmittelbar bevorstehende Abtransport Ludwig Feuerbachs zur „Himmlischen Rampe" wird für die gepeinigten Gefangenen zum Anlass, die höllischen Zustände nicht länger nur zu interpretieren, sondern sie zu verändern — sie planen den Aufstand gegen die Diktatur Gottes...
Stollbergs Inferno ist ein spannender philosophischer Roman, der den Lesern in den Dialogen der gefangenen Philosophen die Erkenntnisse der großen Denker der Menschheit näher bringt. Als kritisches Update zu Dantes *Göttlicher Komödie* gibt der Roman einen rasanten Überblick über 500 Jahre Kulturgeschichte.

Sadegh Hedayat

Karawane Islam

Eine Satire

ISBN 3-932710-20-7, 92 Seiten, Abbildungen, gebunden, Euro 13,50

Sadegh Hedayat (1903-1951) gilt als Begründer der klassischen Moderne der iranischen Literatur. In seinen Erzählungen übte er immer wieder Kritik am Islam und den sozialen Verhältnissen im Iran. 1951 setzte er in Paris seinem Leben durch Freitod ein Ende.
Karawane Islam beschreibt in satirischer Weise einen Missionszug islamischer Prediger und Rechtsgelehrter nach Europa. Die Reise der Abordnung endet allerdings bereits in Berlin, von wo aus die Bekehrung Europas zum Islam beginnen sollte: nach nur zwei Tagen hat sich die Gruppe in völligem Chaos aufgelöst, der Missionszug ist gescheitert. Das dritte Kapitel, das zwei Jahre später in Paris spielt, bringt dann eine unerwartete Wendung...
Die Ablehnung autoritärer Strukturen und Ideologien weist Hedayat als Vertreter der iranischen Aufklärung aus. Ohne seine kulturelle Identität zu verleugnen, orientierte er sich an den Idealen der Aufklärung, fest überzeugt, dass hier die Voraussetzungen für eine Emanzipation auch für die Menschen im islamischen Kulturkreis zu sehen sind. Als einen wesentlichen Faktor für die Rückständigkeit seiner Heimat sah er den Islam und die Macht des Klerus an.

Marcus Hammerschmitt

Instant Nirwana

Überarbeitete Neuauflage

ISBN 3-86569-005-X, 110 Seiten, kartoniert, Euro 11,50

Ein Essay über Religion und Esoterik in Zeiten des globalisierten Kapitalismus. Der Autor spürt den Irrationalismus in verschiedenen Bereichen der Gesellschaft und unterschiedlichen Erscheinungsformen auf und reflektiert die Folgen. Dabei stehen weniger Namen und Organisationen der Eso-Szene als die „Phänomene" im Vordergrund. Entlarvt werden die verqueren Denkweisen der Esoteriker ebenso wie die Muster der Manipulation. „Wahre Geschichten" veranschaulichen die Ausführungen.

Carsten Frerk / Michael Schmidt-Salomon

Die Kirche im Kopf

Von „Ach Herrje!" bis „Zum Teufel!"

ISBN 3-86569-024-6, 286 Seiten, kartoniert, Euro 18.-

Diese Enzyklopädie für freie Geister und solche, die es werden wollen, nimmt auf vergnüglich-böse Weise die „Kirche im Kopf" aufs Korn. Analysiert werden Begriffe, Komplexe, Redewendungen, die oftmals erst auf den zweiten Blick ihre religiöse Herkunft verraten. Das Lexikon erklärt, warum im christlichen Kulturkreis angeblich „alles Gute von oben kommt", warum „Christstollen" keine Katakomben im alten Rom sind und weshalb „Gott immer bei den stärksten Bataillonen ist" („Heiliges Kanonenrohr!"). Dabei setzen die Autoren auf eine wohldosierte Rezeptur aus Information und Witz – denn sie sind überzeugt, dass es nicht ausreicht, die einfältige Saga vom dreifaltigen Gott allein mit vernünftigen Gegenargumenten zu entkräften. Nur wer am Ende über die halsbrecherischen intellektuellen Verrenkungen des Christentums lachen kann, hat es wirklich verstanden.

Jörg Sundermeier

Der letzte linke Student

ISBN 3-932710-85-1, 155 Seiten, kartoniert, Euro 13.-

Der letzte linke Student ist ein naiver Linker, der sich für einen Analytiker hält, jedoch durch seinen unbändigen Aktivismus und seine immense Eitelkeit immer zu falschen Schlüssen und zur Selbstglorifizierung verleitet wird. In seinem Denken und Handeln werden Kurzschlüsse und Fehlleistungen der Linken mit viel Ironie vor Augen geführt und reflektiert. Die Texte vermitteln keine „Botschaft", sondern fordern von den LeserInnen eine eigene Analyse und ein eigenes Urteil. Insofern bietet das Buch Aufklärung im besten Sinne, weil es Denkfehler aufspürt und zum Entschlüsseln dieser anregt (und dabei noch unterhält).

Marvin Chlada

Dialektik des Dekolletés

Zur kritischen Theorie der Oberweite

ISBN 3-86569-019-X, 118 Seiten, kartoniert, Euro 12.-

Nie haben Brüste mehr Stoff für pralle Debatten geliefert, als im Zeitalter ihrer technischen Reproduzierbarkeit. In seiner *Dialektik des Dekolletés* wirft Marvin Chlada einen Blick auf die Geschichte der Brust und ihre Instrumentalisierung zwischen Kommerz und Utopie. Ausgehend von der „Busen-Attacke" auf Adorno im Jahre 1969 sichtet er die Fülle an Material, die der Kult um die Oberweite in Religion und Philosophie, Kunst und Politik hervorgebracht hat. Wer Gesellschaftskritik unter den Aspekten „Gender" oder „Kulturindustrie" betreibt, wird diesen Essay mit Gewinn lesen, ebenso kommen Liebhaber ironisch präsentierter Mythen und Anekdoten rund um die weiblichen Rundungen auf ihre Kosten.

Michael Schmidt-Salomon

Manifest des evolutionären Humanismus

Plädoyer für eine zeitgemäße Leitkultur

Zweite, erweiterte Auflage 2006

ISBN 3-86569-011-4, 181 Seiten, kartoniert, Euro 10.-

Das *Manifest des evolutionären Humanismus* liefert eine kompakte Zusammenfassung der Grundpositionen einer „zeitgemäßen Aufklärung" und plädiert für eine „alternative politische Leitkultur", die auf die besten Traditionen von Wissenschaft, Philosophie und Kunst zurückgreift, um das unvollendete Projekt der aufgeklärten Gesellschaft gegen seine Feinde zu verteidigen.

Hans Albert

Joseph Ratzingers Rettung des Christentums

Beschränkungen des Vernunftgebrauchs im Dienste des Glaubens

ISBN 978-3-86569-037-1, 126 Seiten, kartoniert, Euro 10.-

Joseph Ratzinger wird im Feuilleton als Intellektueller, als kluger Kopf und einer der führenden Denker innerhalb der katholischen Theologie gehandelt. Hans Albert wirft einen Blick auf einige zentrale Texte und kommt zu dem Ergebnis, dass dem deutschen Papst dieses Etikett zu Unrecht anhaftet. Der Philosoph zeigt, dass der Theologe die historisch-kritische Forschung in seinem eigenen Fach weitgehend ignoriert, dass er mit unklarer Begrifflichkeit arbeitet und grundlegenden Problemen (z.B. der Theodizeefrage) ausweicht. Und auch die Vernunft lässt sich nur dann in den Dienst des religiösen Glaubens stellen, wenn ihr von vorneherein Fesseln angelegt werden.

Alibri, Postfach 100 361, 63703 Aschaffenburg
verlag@alibri.de, www.alibri.de

Franz Buggle
Denn sie wissen nicht, was sie glauben
Oder warum man redlicherweise nicht mehr Christ sein kann
Eine Streitschrift
ISBN 3-932710-77-0, 446 Seiten, kartoniert, Euro 24.-

Petrus van der Let
Zipfelmützengötter
Religion als Echo der Kindheit
ISBN 3-932710-47-9, 181 Seiten, Abbildungen, kartoniert, Euro 15.-

Ali Dashti
23 Jahre. Die Karriere des Propheten Muhammad
Übersetzt und herausgegeben von Bahram Choubine und Judith West
Dritte, durchgesehene Auflage
ISBN 3-932710-80-0, 344 Seiten, kartoniert, Euro 18,50

Colin Goldner
Dalai Lama – Fall eines Gottkönigs
Zweite, überarbeitete und erweiterte Auflage
ISBN 3-86569-021-1, 735 Seiten, Fotos, kartoniert, Euro 34.-

Bernd Harder
Geister, Gothics, Gabelbieger
66 Antworten auf Fragwürdiges aus Esoterik und Okkultismus
ISBN 3-86569-002-5, 206 Seiten, Abbildungen, kartoniert, Euro 14.-

Franz M. Wuketits
Evolution ohne Fortschritt
Aufstieg oder Niedergang in Natur und Gesellschaft
Überarbeitete Neuauflage
ISBN 3-86569-040-8, 269 Seiten, Abbildungen, kartoniert, Euro 18,50

Joachim Wehler
Grundriß eines rationalen Weltbildes
Überarbeitete Neuauflage
ISBN 3-86569-029-7, 268 Seiten, kartoniert, Euro 18.-

Malte W. Ecker
Kritisch argumentieren
ISBN 3-86569-017-3, 181 Seiten, Grafiken, kartoniert, Euro 16.-